总裁修炼手册

柳传志
倾情推荐

刘博◎著

廣東旅游出版社
GUANGDONG TRAVEL & TOURISM PRESS
悦读书·悦旅行·悦享人生
中国·广州

图书在版编目（CIP）数据

总裁修炼手册 / 刘博著． — 广州：广东旅游出版社，2019.3

ISBN 978-7-5570-1682-1

Ⅰ．①总… Ⅱ．①刘… Ⅲ．①企业管理—手册 Ⅳ．①F272-62

中国版本图书馆 CIP 数据核字（2018）第 302462 号

总裁修炼手册

Zongcai Xiulian Shouce

广东旅游出版社出版发行

（广州市环市东路 338 号银政大厦西楼 12 楼　邮编：510180）

印刷：廊坊市颖新包装装潢有限公司

（地址：廊坊市安次区码头镇甄庄村）

广东旅游出版社图书网

www.tourpress.cn

邮购地址：广州市环市东路 338 号银政大厦西楼 12 楼

联系电话：020-87347732　邮编：510180

787 毫米 ×1092 毫米　16 开　15.5 印张　213 千字

2019 年 3 月第 1 版第 1 次印刷

定价：49.80 元

这本书可以这样读

这是一本以纸质书为基础，以 App 为辅助的全媒体图书。你可以在此下载更为丰富的电子内容，获取更多相关信息。

Step 1：用手机扫描二维码，下载博雅私学 App 软件。

Step 2：在主界面输入框输入文中所提供的关键字，如“ZCLB01”，点击确认进入链接文件下载页面。

Step 3：在此页面你可以看到相关链接的内容简介，输入你的邮箱并点击发送，我们会将相关链接文章或视频发送给你。

博雅私学 App 也是一个读者与作者直接沟通的平台。你可以通过这个平台直接预约作者，解决你的个人疑惑或具体问题。

Step 1：在博雅私学主界面点击预约私学，进入预约作者列表。

Step 2：在预约列表选择你想预约的作者，进入预约详情界面。点击详情中的电话预约或直接拨打电话 010-82062183，告知你想约哪一位作者，以及你期望交流的时间和主要问题，剩下的事交给我们。

Step 3：你也可以选择在线预约，填写相关信息并发送给我们，我们会与你取得联系。

推荐序

2013年夏天，由联想之星创业投资、创新工场和亚联商会联合组织了一个叫作“创业戈壁行”的活动。4天3夜，近两百位创业者和青年企业家一起走过了敦煌瓜州108公里的苍茫戈壁。征途中，我看到了年轻的创业家和企业家们的朝气和坚韧，同时，也听到了他们很多的“成长中的烦恼”。伴随着企业的成长，企业家的成长就像是一个长征，会遇到许许多多的困难和问题。作为“过来人”，我也在各种场合分享过我创业、管理、成长的经验和教训。看到刘博的这部书稿后，我觉得这本书也许可以帮助大家。

刘博虽然担任过国产软件公司红旗Linux的创始CEO，也担任过国产数据库公司的CEO，但是他还算不上一个企业家，因为他领导的企业规模相对较小，一两百人。不过，他在外企的经历对他是有帮助的。“没吃过猪肉，但见过猪跑”，作为曾经的微软中国的副总经理兼OEM部总监和IBM大中华区的战略与企业发展部总监，他见识并参与过这些大公司的运作，相信从中学习和领会了不少东西。这本书的战略部分，就明显带有IBM战略制定的方法论痕迹。另外，最近几年他也做风险投资和企业顾问，接触了不少成长型企业的领头人，在与他们的交往中，比较深刻地了解了这些企业领导的苦衷和面临的问题。相信这本书的形成，与他的这些经历有很大关系。

然而，光有经历还远远不够，只有把自己的所见所闻和自己的思考结合起来、总结出来，才能形成有价值的观点和建议。所以，这本书在努力把企业家成长中的一些核心问题整理出一个脉络，同时结合作者本人的观察和思考，给出了相应的指导和建议，并形成一个相对完整的体系。相对于理论性较强的教科书，这本书中的内容更贴近中国成长型企业的实际，其中大多数的例子都是我们日常能在企业中看到的、听到的，甚至是亲身经历着的。这本书的真正价值也许不在于它教会你什么，而在于它能够启发你更多的思考。其中，各小节后的“总裁家庭作业”恐怕是每一个成长型企业的领导都难以逃避的问题。

书中的许多观点很鲜明，我不能说都赞同，或许有的还可商榷，但至少值得我们思考。譬如：

在谈到威望时，他说：靠权力能解决的问题，威望绝大多数都能解决；而靠威望解决不了的问题，权力大多数也解决不了。

在谈到个人修炼时，他说：熬得过失败的不一定能成为领袖，但是熬得过成功的一定能成为领袖。

在谈到企业价值观时，他说：价值观最需要的是，溶化在血液中，落实在行动上。

在谈到用人时，他说：用人要疑，疑人要用，育御并举。

在谈到企业内的权力问题时，他说：企业的权力应该是设计出来的。

在谈到企业分权制衡的问题时，他说：弱化副职，中层为要。

…………

书中的道理，其实很多企业家是懂的，如果能在执行上给出更多可操作的具体方法会更好。这是本书的不足之处。

随着中国经济的快速增长，这些年经济管理类的书籍越来越受大家欢迎。尤其是民营企业家们，对在企业发展和个人成长的过程中遇到的问题，都期望能够在书中找到答案或受到启发。如果国内具有实战经验的企业家能够多出书，把自己在企业发展过程中的经验、教训和体会分享出来，对企业、产业和国家发展都是有好处的。

因此，刘博的这本书是值得鼓励的，相信读者也能从中得到收获。

最近，听说刘博以五十多岁的年龄，还在大数据领域创业。我祝他成功！

目录

最大的推手或最大的阻碍

01 建立威望

02 抓住人心

03 完善自我

04 传递激情

05 引领战略

06 知人御人

07 分权制衡

08 杀罚果断

09 影响他人

最大的推手或最大的阻碍

有一家创业公司，从起步到今天，十年左右的时间，在它所从事的行业里打出了一片天。不管在行业里算第一也罢，第二也罢，因为正好顺应了市场潮流，公司在过去的几年顺风顺水，快速增长。为此，公司制定了未来三年的战略发展规划，准备冲上另一个台阶。新的目标、新的战略、新的业务调整都在启动。

这时，公司的老大问了老刘这样一个问题："您看我们还需要什么？"需要的东西很多，但老刘给出的答案是："把你自己从一个'领导'变成一个'领袖'。""领导变领袖？好啊！您来帮助我。"老大没有问为什么，因为他知道。可惜，这个问题并不是所有创业公司领导都知道的。

老刘当年高中毕业插队去农村，首先遇到的"官儿"就是生产队长。每天早上，队长敲钟。钟声一响，大家便走出家门，在麦场集合。队长两手叉腰，大声呼唤："张三哥，你今天去耕地，带上李五、赵六，还有牲口去找二大爷；王二麻子，你们组今天去割菠菜；四叔，你们组今天收拾仓库……”

看看，这像不像很多创业公司初期的样子？

每一个大公司都是从这样的阶段走过来的。但你的公司会长大，在它长大了的时候，如果你作为企业的老大，仍然停留在“生产队长”的思想水平上，那你企业的前景也将极为有限。

“成也萧何，败也萧何。”对创业型和成长型企业而言，说“成也老大，败也老大”一点都不过分。除去那些国有企业和成熟企业之外，在所有企业成败的因素中，企业第一人恐怕占的比重最大。这几年，老刘接触过、了解过、帮助过、任职过若干大小企业，感受至深的就是老大对企业发展的影响。

我相信，这样的感受不止老刘一个人。

其实，很难定义企业做到什么规模需要“领袖”。50人？100人？1000人？我们可以追溯一下乔布斯、柳传志、任正非等人，是什么时候从领导变成领袖的吗？也许可以，但老刘认为没什么意义。因为重要的不在于纠结这样的数字游戏，而在于企业领导“领袖意识”的建立。

我们可以用乔布斯、比尔·盖茨、马云来证明苹果、微软和阿里巴巴的成功，却无法也无意去定义什么样的企业需要领袖，就如同争论“初创企业”或“微小型企业”是不是需要战略一样。

领袖应该是什么样子的？相信读者朋友可以从浩瀚如海的互联网上查出许许多多的“答案”。而对老刘来说，答案则是一个几十年前中国人都耳熟能详的描述：“伟大的导师、伟大的领袖、伟大的统帅、伟大的舵手”。不管描述者出于什么样的目的，就今天而言，“导师、领袖、统帅、舵手”是对“领袖”的精辟阐释。依老刘的理解，就是“布道者、表率人、掌旗手、指路人”。

也许有人会说，领袖是天生的，甚至可以从陈胜、吴广、刘备、曹操讲到朱元璋、毛泽东，再讲到林肯、华盛顿和拿破仑。但问题是，当他们的事业达到辉煌之前，他们就被世人认为是领袖了吗？当柳传志在科学院的门房里创业的时候，当比尔·盖茨在写DOS的时候，当马云在满街卖黄页的时候，他们在别人的眼里就是领袖了吗？

我不赞成“领袖天生”，也不赞成“领袖可以塑造”。我相信的是：第一，时势造英雄，没有合适的“时”和“势”，产生不出领袖；第二，“天才”+“勤奋”；第三，“悟性”+“良师”。

“良师”？有什么人可以指导别人变成领袖吗？也许没有。不过，体育场上伟大的球员都是教练教出来的。老子的伟大不在于他能不能治理一个国家，而在于他五千余言的《道德经》化育了很多历史上的治国领袖，教养了数千年优秀的中国士人。

老刘不是老子，写这本书的起因是受前面说的那位老大的启发。因为老刘觉得，需要这样一个升级的，不只是他一个。老刘接触并结识了很多这样的成长型企业的老大，大家面临着同样的问题。从某种程度来说，这是一部私家教案，在写的过程中，老刘重新反省了自己的职业经历，重新把以前认识的那些成长型公司的企业老大们，在脑子里和记录中过了一遍，重新回顾了那些优秀老大们的成长之路。看得越多，想得越多，就越坚定了这二十几年的观察结果：对于一个成长型企业来说，老大，毫无疑问是企业成熟、转变、突破瓶颈的最大推动力，同时也是企业消磨斗志、莽撞发展、倒在成长路上的最大杀手。

一家成长型公司的老大，投资任何领域都是第二位的，最应该投资的是自己。自己有多高，企业才能有希望走向一个可能的高度。而世界上最难的事，就是自我更新，革自己的命，给自己动手术，同时还不能减缓奔跑的速度。但是，也只能说：“活该！谁要你选择这条路？选了就得干，不管它有多难。”

最后强调一点，很重要，在本书中不会再提及：“成也老大，败也老大”，并非绝对。一个企业的成败，天时地利人和缺一不可。其中缘由，绝非几句话可以说得清楚，不在本书的讨论范围之内。

01

建立威望

| 第一节 |

关于“权威”

在日常生活中，如果我们说某某人是某个行业的“权威”，通常是指这个人说话的分量和影响力很大；在一个公司里，如果我们说某某人很有权威，通常是说这个人说的话、做的事让其他人服气。

权威是做领袖的基础；权威是指挥团队的保障。

所谓“权威”，是“权”和“威”的组合。“权”为“权力”或“权利”，但是在这里主要是权力。“威”则是“威望”和“威信”。所以，“权威”可以解释为“有威望的权力使用者”。

权力一般是职位给的。而职位则可能是自己挣来的，尤其是那些从公司初创把公司带大的人，他做董事长，做总裁，做CEO，都是如此。但是，很多情况下，职位是别人给的。就算是创业型企业，在经过融资之后，初创领导人就不再是企业的完全拥有者，他的职位就成了董事会给的。总之，权力更多时候来自于外部。

而“威”则不同。一个人的威望和威信，百分百是自己给的。威望和威信指的是一种非权力性的影响力，也就是领导者的品质、作风、知识、能力、业绩，以及行为榜样等非权力因素对其下属和相关的人群造成的影响力。“威望”重在“声望”，“威信”重在“信誉”，相近而不同，但总之都是在别人心里的一种评价。

权力的时效性很强。当你在位时，你手中握有权力，别人因为惧怕你手中的权力而服从你。一旦你没有了这样的权力，那些原来屈服于你的人就不再听你的命令。所以，“权力不用，过期作废”是对权力的最好注脚。

威望则不然。威望存于人心，你在不在位，别人都会服从你。但这是个“长尾效应”，有多长，取决于这种威望的程度。对于很多伟人领袖来说，他们的威望可以影响到他们去世之后的很多年、很多代。

因为，权力是外在的，威望是内在的。所以，权力给你的是别人对你的惧怕和服从，而威望给你的是别人对你的尊重和遵从。

20世纪70年代末，中国进入一个新的历史时期，邓小平创造性地在中共最高领导层设立“顾问委员会”，为的就是利用那些已经退位的老干部在党内和群众中的威望，以保证改革开放战略的实施。

大家也许注意到了一个有趣的现象。很多从领导岗位上退下来的干部，出门参加活动交换名片时，他们的名片上会写着“原某某部副部长”“原某某委员会主任”，之后则是“某某协会副理事长”“某某机构顾问”等。这样的做法，在心理上无非是要利用人们对权力的惧怕来抬高自己的身份。与之相反的是，老刘当年读书的那所非常不著名的大学的老校长，我国老一代著名的计算机理论专家，在他老人家从校长位子上退下来之后，人家给他的虚衔儿恐怕一张名片都装不下。但是，老人家在自己的大名下面只印了5个大字——北京市市民，可并没有哪个业内人士因此而不敬重他。这就是威望的力量。

靠权力能解决的问题，威望绝大多数都能解决；而靠威望解决不了的问题，权力大多数也解决不了。

企业的领导们往往把权力看得过重，动不动就大棒一挥、吆五喝六、颐指气使，全然不顾被命令的人是不是真的相信你的决断，是不是真的服你。其实，他们没有认真去算这样一笔账：主动执行和被动执行的效果可能相差很远。主动执行过程中执行者主观能动性的发挥会使事情事半功倍，被动执行的结果则可能是事倍功半，而主动执行的基础就是领导的威望。

权力要恰当使用，威望靠长期积累。

| 第二节 |

诚信的建立：不轻诺，诺则行

威望从哪里来呢？首先要有“威信”。所谓“信”，就是诚信。IBM的价值观为“客户第一，创新为要，诚信负责”。可见，诚信在其企业文化中的重要性。

一间公司因业务难看，新年伊始的时候，老板宣布：如果谁的业绩超出预期，必有重赏。结果没想到，那一年老天爷眷顾，天上掉下大馅饼，两个单子就收获了好几千万。到了年底，部门领导找老板兑现承诺，老板一算账，奖励这个团队要两百多万。虽说相比几千万的收入，两百多万算不上多，但老板在心理上无论如何不愿意发这笔钱。他嘴上的理由是：负责这两个合同的团队本身并没有多大贡献，只是运气好罢了。而他心里的不平衡是：自己做老板的一年下来也拿不了几个钱，你们一拿就两百万，这怎么行？老板变卦了。经过短时间的激烈争斗，结果是：团队集体离职，大家一拍两散。

在一切坏的结果中，最坏的结果是，这个老板在所有员工的心里留下了一个深深的烙印：言而无信。

据老刘观察，企业老板的失信有两种情况：

第一种情况是上面例子的这种。这种情况的产生，主要是老板本身的心胸狭隘所致。这种人天生没有做领袖的素质，计较小利。你见过哪个领袖不具有博大胸怀的?

第二种情况在企业里经常发生，就是做老板的太容易承诺。尤其是在某种压力之下（业绩的压力往往是最主要的原因），老板为了解决眼前的问题，轻易给下属作出承诺。对于这样的承诺，下属是认真的，但是老板自己未必认真，对他来说，只不过是一个权宜之计。事情一过，老板自己可能都忘了。或者老板没忘，但是下属没有追究，于是就不了了之。老板心里或许在窃喜，可他不知道，实际上他的损失比他兑现承诺要大得多。

某一间公司，到了第四季度，业绩仍然比计划的差了很多，老板着急，就找大家商量制定出一个年底的冲刺计划，并任命一个部门经理牵头，说如果年底完成所规定的数字，就提升这个部门经理做公司副总。很显然，那个数字一定是一个几乎不可能完成的任务。即便如此，部门经理宣誓领命，全心全意、夜以继日地工作。最终数字不但达到了，而且还有超出。结果呢，老板欢喜，公司上下欢喜，只有这个部门经理不欢喜。为什么？因为老板再也不提当初给部门经理的承诺了。他也没有找老板去谈，他的担心是：既然老板承诺了，如果他没有兑现，就是他根本没有兑现的想法，所以就算去找他谈也没用，不但没用，还可能因此引起老板对他的反感甚至憎恨。而自己还没有做好换工作的准备，既然要在这儿继续干下去，这样的结果是不值得的。并且，对于这种口头的承诺，如果老板矢口否认，他也没有任何办法。

然后，这个部门经理就暗自下定决心，这份工作对他来说只是一份赚钱的工作，公司的好坏跟他没有关系。所以，他只要做到对得起自己的工资就可以了，其他的不必再去关心。他曾经对公司的一腔热情，就因为这样一个没有兑现的承诺而彻底消失。

在这种情形下，假如明年再有这种事儿老板还会交给他做吗？他还会接吗？就算老板再交给他，他也接了，还会有今年的这个结果吗？

当然不会！不但不会，这个部门经理的“怨气”和情绪还会在公司中传播。如果他本身不是很职业，他可能还会向亲近的同事，甚至在行业圈子里诉说老板的不诚信。继而，一批员工对老板失去尊重，对公司的事业失去热情。这样的“暗流”，正在多少公司里涌动呢？

再深入一层，这个部门经理在老板承诺给他的时候，他可能会对老婆说：“这些天我可能会很忙，会经常加班很晚，但是老板信任我，说好了如果完成任务就提拔我做副总。老婆大人，您一定要支持我！”于是，老婆大人支持了。结果目标达成了，她的先生却什么都没有得到。在她心里，如果不怀疑老公说话的真实性，那么对老板的感受就可想而知了。所以，这个老板失去的，不单单是下属的信任，连下属家人的支持也会一并丧失。

这样的结果，恐怕是许多老板始料不及的吧？

读到这里，也许有人会说，老刘你说得不对。自古领袖，也有大奸之人，譬如传统演绎的曹操。《孙子兵法》三十六计当中，也有“假途灭虢”，不是言而无信的典型么？老刘说，您错了，第一，这不是一个层面上的事，后面会讲到；第二，假途灭虢中，晋献公原本就是要把虢国灭掉的，所以那是对待敌人的做法；第三，军事战争和市场竞争是两码事。不要说“市场如战场”，市场和战场也是两码事。战场上是讲究如何把敌人消灭掉，而市场上比的是客户喜欢谁更多，就算是竞争对手，也往往不是“你死我活的关系”，譬如可口可乐和百事可乐，譬如 Intel 和 AMD。在很多情况下，竞争对手是帮助企业成长必不可少的因素。况且，企业整天面对的其实不是竞争对手，而是客户、伙伴和员工。

你可能会说，市场有市场的规则，虽然不是你死我活，但尔虞我诈是正常的吧？老板和员工也是一种商业关系，为了企业利益，说话不算，又能怎样呢？老刘说，您又错了。

再讲个故事。

某个企业的销售，最怕带老板去见客户。为什么呢？因老板为了拿下订单，很喜欢给客户承诺。但是往往承诺了之后又不兑现，所以很多客户都变成了“一锤子买卖”。所以，老板在销售们眼里就是一个不守信用、说了不算的人，甚至在客户圈子里，大家也认为这个老板很不靠谱。曾经就有一个客户当着销售的面评价他的老板：你们老板是典型的“语言的巨人，行动的矮子”。

有这样老板的公司，会做成大企业吗？这样的老板，会做成企业领袖吗？

还存在第三种情况，就是当初的承诺因为时过境迁，过程中发生了很多变化，所以让老板不能按照原来的承诺兑现。其实这也不要紧，你可以跟人家道歉，说对不起：“我当初的承诺因为什么原因可能没办法兑现了，请你原谅，将来再有机会我一定会补偿你！”人心都是肉长的，尤其是在同一个公司里工作，大家对变局都会有一定程度的了解，他也会根据情况进行判断，如果真的如你所说，大多数人会相信你，并选择原谅你，甚至你的诚恳道歉还会增加他对你的尊重。总之，有这样一句道歉，比你假装忘记的效果要好上百倍。

假如情况不是那样，你所说的原因只不过是自己为了不兑现承诺所找的托词，情况就会更糟。因为你在他眼里就不只是个小人，还是个骗子了。谁也别指望手腕高明、信息封锁，不信你可以去做一些私下的调查，旁敲侧击，看看那些你曾经以为天衣无缝的事儿，到底是否如你所想，一丝风都没有透出去。

做老大的，诚信第一。要么您就别承诺，要么承诺了您就守信，忽悠人的事儿不可为。诚信是无锋之剑，看起来拙重，但又锋利无比，披荆斩棘全靠它了。第二，做老大的还要摒弃一个误区：好像你比别人聪明，别人比你迟钝。套句俗话，谁也没比谁傻半站地。很多时候，下属的沉默和忍受，并不意味着他不知情，只是他对你还有一丝指望，或者他有不得已的原因还不想戳穿你或离开你。五祖曾说“心如明镜台”，这话对老大来说尤其重要。任何一个人的心，都如明镜一般。你所做的，在镜子里都有影像。除了局部的变形和夸张之外，绝大多数情况下，都留存了最为真实的记录。

明代诗人潘纬说：“一诺休轻许。”“失信于民”是国家领袖的大忌，也是企业领袖的大忌。

总裁的家庭作业

1. 检讨自己有过多少“说了不算”的事儿。
2. 定期检查自己：近期有没有对下属的承诺，如果有，怎样去兑现你的承诺；对不能兑现的承诺，你又怎样解释清楚。
3. 锻炼自己：在对别人做出任何承诺之前，首先想好如何兑现。所有冲动型承诺，一定要在出口前心里盘算 5 分钟以上。
4. 用电脑记录下自己做出的承诺：对谁，为何事，承诺什么，何时兑现。

| 第三节 |

决断：决而生威

决断是获得尊重和立威的首要条件之一。

每逢大事，其实不管是大事还是小事，我们都需要做出一些“判断”。“判断”一词，是由两个字组成，一个是“判”，一个是“断”。

“判”就是对事情的了解、分析、评判的过程。需要你知道整个事情来龙去脉、前因后果，去挖掘藏在事情背后各种各样的深层次的原因。然后才是“断”。“断”的本意是阶段性了结、“断开”，也就是把前面发生的事情做一个总结，决定下一步做什么、怎样做。

在企业里，大家做得最多的一件事儿就是开会，开会的目的大多数是对业务中发生的各种事情做出判断。但是，大家也经常会遇到这样的情况，就是大家就一件事儿反反复复地讨论，最终却得不出结论，没有人拍板，于是就不了了之，浪费时间、浪费金钱、浪费生命。

“议而不决、决而不行、行而不果、果而不察”，是很多企业的普遍现象。这其中最大的问题，在老板身上。

听说有这样一个公司，为了讨论公司的发展战略，老板把全体管理人员集中到外地的某个宾馆，整整开了两个星期的会。据参加会议的一位先生说，由于坐的时间太长，开完会他的两腿都浮肿了。老刘听后最想说的是：真的服了你们了！国家开“两会”也不过是两周时间，你们一个几百人的小公司，什么事儿需要讨论那么长时间？关键是，这两个星期的会议最后有什么结论吗？有什么行动计划吗？有决定什么人负责吗？

NO！他的答案就这么简单。

虽然老刘没有参加这个会议，但老刘相信，在两个星期的会议当中，大家一定是把公司存在的问题做了非常详尽的讨论，也相信在这些讨论中大家都提出了许许多多的意见和建议，之所以没有结果，原因只有一个：主持会议的老大没有作为。

老大为什么总是判而不断呢？原因可能有这么几个：

第一个原因，性格所致。优柔寡断确实存在于某些人的天性之中。这些人的长处在于他们会把事情的所有细节反反复复地思考，甚至会长时间掉进细节的怪圈之中不能自拔。当需要做出决定的时候，他总是认为考虑得还不够周全，对任何可能的决定都觉得没有把握，所以表现出来的就是左顾右盼、瞻前顾后、犹犹豫豫、久议而不决。

第二个原因，自信心不足。可能是因为自己年轻经验不足，可能因为从前做出过错误的决定，也可能因为觉得自己掌握的依据不足，所以表现得没有信心、当断不断。

第三个原因，怕担责任。其实作为公司的老大，照说不管发生什么事情他都有一份责任。但是在人的心底里，他可能会有这样一种恐惧：如果我做错了决定，下边人会怎么看我？

第四个原因，认为没到时候或没必要给出决定。对于问题的判断，一般来说，上级的着急程度比下级要弱。因为在下级看起来"火上房"的事情在上级眼里也许没那么要紧。对于公司老大来说，他要决策的事情太多，所以对很多他认为没那么重要和着急的事，就先放下来再说了。

第五个原因，有判断但不愿意说出来。其实，作为有经验的公司老大，对公司里大部分事务都有自己的一个判断，但这些判断要么还不够清晰，要么觉得没必要讲给大家听，所以干脆就闷在肚子里。

还可能有其他的原因，包括环境的影响，譬如公司老大对于公司重大问题的决定，首先要通过董事会讨论通过，等等。

当断不断的老板，是做不成领袖的。

红军二万五千里长征中，毛泽东带领部队四渡赤水的故事，大家耳熟能详。毛泽东根据战场上的形式，审时度势，做出果断决定，最大限度地保存了红军实力。因此，如果说遵义会议之前毛泽东是因为他的远见卓识获得了威望，那么，四渡赤水就彻底消除了那些对毛泽东领袖能力不完全信任的疑虑，极大地巩固了毛泽东的领袖地位。

在关键时刻和重大问题上的果断决策是领袖的天职。

作为一个企业的老大，就像一个"江湖医生"，每天要面对一堆疑难杂症。你的任务就是，给这些公司里别人都解决不了的问题开出药方。想想看，任何一个找你的人、和你开会的人，他（他们）和你谈、给你报告，最终目的除了完成你布置的作业、完成你交给的任务，他们还期望什么呢？

谁都不是天生的领袖，每个领袖也都是在长期做下属的过程中锻炼出来的。我们在做下属的时候，是不是也一样期望我们的领导面临问题能够给出及时、明确，甚至英明的决断？当真的得到了这样的“英明”决断时，我们是不是会对领导肃然起敬，从心底里增加一分崇拜？

反过来呢？如果领导是一个黏黏糊糊、婆婆妈妈、犹犹豫豫、絮絮叨叨的人，在一件事情上反反复复地讨论就是不做决定，你是不是会觉得非常失望？时间长了，会不会对这个领导产生一种鄙视？

一定会！这是人之常情。

在前面的分析中，我们并没有提到领导的“能力”对决断的影响。不是说这不重要，而是认为在决断这一点上，“意识”比能力重要。在搞清楚哪些事情应由你来决断（这又是一个难点！后面我们会详细讨论）之后，你就必须有意识地、信心十足地（至少在下属面前表现出来的是这样）拍板定案！

不要怕犯错误，反正不管谁拍板，最后你都要接受决定的结果。

更不要怕担责任，就算别人拍板定案最后如果出了岔子也是你的事。把责任推给别人，你就轻松了吗？一点儿不会。

最关键的是，你会因为不决断失去下属的尊崇。而且，他们绝大多数不会告诉你。

总裁的家庭作业

1. 你觉得自己是一个优柔寡断的人吗？如果是，你认为应该怎么改变？
2. 反思在过去的工作中，你是不是因为自己的不决断而让身边的人有微词？
3. 反思你不决断的原因到底是什么？有什么办法可以克服？
4. 锻炼自己在下属面前信心十足地拍板，观察下属的反应。然后，记录下来，跟踪结果。

| 第四节 |

决策：不可朝令夕改

某公司对领导层做了一个“领导力”测试。结果在几十个指标之中，打分最低的有两个：一个是“决策流程不科学”，另一个就是“决策朝令夕改”。

比起不敢决断，朝令夕改更会让下属失望。而朝令夕改又是企业里经常遇到的。

决策果断和避免朝令夕改是一对矛盾。之所以朝令夕改，往往是因为决策过于“果断”，也就是说，在“判”的过程中没有做足功课，导致很快出现了没有发现的问题或出现了在“判”的过程中没有预料到的问题，不得不改。

但是，对任何一件事情判断都不会是面面俱到、了解所有细节之后才能做出，因为世界上事情的“细节”可能是无穷尽的。所以，如何把握这样一个“度”，就是既能够做出正确的判断和决策，又不至于朝令夕改的核心因素。

在“度”的把握上，最重要的是要想清楚两个字：舍得。舍得舍得，有舍才有得。在人们做判断的时候，往往最容易犯的错误是没有想清楚自己要什么（也就是“得”），就陷入各种条件和细节中纠结。这也想要，那也想要，最后把自己搞得头昏脑涨。好不容易下决心做出一个决定，又因为本来该舍掉的东西不愿意舍掉，推翻重来。

舍得的要点首先是“得”，也就是你的主要目标。在你的主要目标确定之后，你要想清楚为了达到这样一个目标，会舍去什么。只要这个“舍”是值得的，就不要后悔。

曾经有两个公司，为了拿到一个大项目，双方决定合作，成立一间合资公司。之后就陷入了长期的讨价还价，直到那个大项目快定下来了，两家还在吵来吵去没有结果。老刘和两家公司的董事长坐到一起，听他们你来我往地争论你出多少、我拿多少。直到老刘问两位董事长：你们当初为什么要成立这个合资公司呢？两个人忽然愣住了，“哦，对呀，我们干嘛要讨论这些烦人的问题呢？我们到底要什么？”

这就是大家常见的一个问题：在过程中忘记了当初的目标。

当两个老大想明白了目标的时候，后面的事就容易了，无非是大家相互让一步（“舍”），达成一个都能接受的协议。于是，大项目就顺利落地了。

虽说不是绝对的，但领袖不是考虑细节问题的。细节问题要交给下属处理，留给领袖的都应该是“大事儿”。当然，大事儿的判断需要经验、知识、能力。这一切都是做领袖必不可少的素质。同样重要的是，领袖懂得什么该“舍”。这个问题解决了，你的决策就不会是朝三暮四，今天向东、明天向西。

那么，在意识到决策错误了怎么办？就一定要坚持不改么？不是。重大的决策错误是要改的。怎么改？将在本章“勇敢承认错误，承担责任”一节中详细讨论。

但是，原则很清楚：第一，不能老改；第二，最好别马上改。

任何的战略决策都是一种承诺，这种承诺意味着告诉团队：向指定的方向前进。于是，人马粮草变“大江歌罢掉头东”，浩浩荡荡开去。结果走了30公里，你又说，对不起，错了，前方有强敌，应该再掉头向西。下边的执行者一定会一肚子郁闷地执行命令。结果又走了30公里之后你又说，还是向北吧。执行者们会怎样呢？一定是破口而出：脑子进水了吧？

这是一种情况，另一种就是“朝令夕改”成了习惯。似乎推翻自己的决定不是什么大事，反正下边人执行就是了。结果呢，也很简单。在下属们了解你的“习惯”之后，你的任何决策的执行都会慢一拍，不管你多急。因为下属们要等着你，看你下一步还有没有什么新的变更。这种情况下的执行效率会大打折扣，市场上的机会也可能就此失去。你在下属的心里也成了反复无常、颠三倒四的人。

当你意识到某个决策可能有错误的时候，往往是因为你想到了某种之前没想到的情况可能会发生，或者得到一些之前没有得到的信息，于是你就可能会考虑推翻原来的决定。但这个时候，最好不要急于宣布。你应该做的是：

第一，认真评估新的信息是不是在你的“可舍”范围之内，是不是就算发生也不会对你当初期望的结果产生重大影响。如果不会，坚持。

第二，再看看。世界上的事情千变万化，看事情的发展是不是会威胁到你的“核心目标”，或者有什么方法去改变。因为任何一种决策都是有风险的，不然就不需要你这个领袖了。目标确定之后，要做的就是“逢山开路、遇水搭桥”，而不是怀疑当初的目标怎样。

第三，决策是可以修改的，未必一定要推翻。你需要考虑如何通过努力，保持原来决策的最小改变。

第四，认真考虑如何向下属解释。

第五，安排好决策修改后的执行方案。

还有一种情况，就是在你决策之后，有人对你的决策不满，试图改变你的决定。他可能来找你谈，也可能在你的下属中动员其他人来劝说，甚至威胁你改变决定。这种情况最考验你的领袖能力。他们的理由是不是能够动摇你的决定，在多大程度上动摇，你要不要妥协，妥协到什么程度，取决于以下几个因素：

第一，你的目标，可能的改变会对你达成目标产生多大影响？

第二，如果拒绝改变，你可能损失什么？

第三，他为什么要你改变？是真正出于业务考虑，还是有什么其他原因？

第四，如果你真的妥协了，除去目标达成的偏差，会对你在团队的影响力产生什么影响？

第五，如果改变，会给你原来的布局增加多大成本？

这种事儿最需要反反复复地思考和分析。一定记住，不能谁说要改就改。

总裁的家庭作业

1. 检查自己曾经所做的决定，是什么原因让你推翻原来的决定，列出 5 条原因并制定改进方案。
2. 找 5 个下属了解他们对你改变决定的看法。
3. 在你不管因为什么原因可能要改变自己的决定时，延后 24 小时再决定（特殊情况除外）。
4. 记录自己改变决定的次数，规定自己反悔次数的上限。

| 第五节 |
有时候需要独断专行

一个企业的老大和老刘谈话。说起公司的业务决策，老大说，公司的业务问题需要下边讨论，拿出方案，最后一两个人做决策就行了。老刘打断老大说，不对，不是一两个人，是一个人。

为什么说“是一个人”呢？因为老刘认为，企业里的事儿，不管大小，都必须有一个“owner”。owner 这个词，在词典里，是“所有者、物主”的意思。由此引出来另外一个词，叫作“ownership”。ownership 的意思是“所有权、物主身份”。在企业管理中，这两个词的引申含义就变得更复杂些。owner 在汉语中经常被翻译成“负责人”，其实不够全面，就个人喜好，老刘更喜欢日语的翻译“担当者”。也就是说，明确一件事的owner，重要的不是在把事情圆满完成之后谁受到表扬，而是在事情没做好的时候打谁的屁股。“take ownership”的意思就更明确了：这件事就交给你了！更完善的解释基本上就是我们常用的“责权利”。你有责任把这件事做好，所以你就有相应的权力，因此你就会得到相应的利益（如果事情做好的话），或者得到相应的惩罚（如果做不好的话）。

“企业里的事儿，不管大小，都必须有一个owner”，这只是前半句，后半句是“且只有一个owner”。也就是说，不管怎样，不给做事的负责人相互推诿的机会。也有成熟的企业有一个部门两个并行领导的，譬如英特尔，他们叫作“double head”。但作为成长型企业，在制度和流程不那么完善的情况下，还是明确一个人负责最好。

而对于整个企业来说，他的成败就只有一个owner：老大！所以，老大责在斯，权在斯。很多时候注定孤独前行，很多时候必须排除一切干扰，独自做出决定。只有力排众议做出正确决策，你才能有资格成为领袖。这就是一种霸气，有霸气的老大才有可能成为领袖。

有一句业界流传的俗话：小事儿开大会，大事开小会，重大的事儿不开会。为什么重大的事儿不开会呢？就是因为越重大的事儿需要参加讨论的人越少。那么，顶级的重大事务呢？就只能老大一个人自己跟自己开会了。

所以，老大的独立思考和决策能力必须足够。因为有些事儿是不能跟别人商量的，譬如企业的组织调整和上层人事调整。

一个两三百人的成长性企业，在做了一段时间之后，老大发现公司的功能型组织结构对业务的开展掣肘很大，于是决定把结构调整成为事业部形式。他试探性地跟下面的副总和部门经理们探讨，发现阻力很大。因为这样的调整对很多经理来说，首先要想的不是调整后业务会怎样，而是“我”会坐上什么样的位置。在中国这种

“官本位”的文化环境中，大家有这样的想法一点儿都不奇怪。

不仅如此，在询问的过程之中，公司里就出现了各种各样的谣言。有说要裁人的，有说要精简的，还有说谁跟谁要合并的，不一而足。公司里弥漫着不安定的气氛，更有一些喜欢挑事儿、喜欢热闹、唯恐天下不乱的人，借此机会摇舌鼓唇、搬弄是非。

询问了一圈之后，老大发现这样“民主”下去根本办不成，不但办不成，还会有无穷的麻烦，所以就不再提。而是自己花了两个月的时间彻底研究了市场状况、公司情况，每个可能涉及的人的情况，尤其是调整可能会给一些关键人员（只是关键人员）带来的问题，甚至考虑到这样的调整会使哪些人离开，离开之后的解决方案是什么，等等。

两个月之后，当大家已经忘记了调整这件事，回归到正常状态的时候，老大突然宣布机构调整方案，并在一天的时间里和所有关键人员一一对话，决定去留。结果，整个机构调整和人事安排在三天之内完成。当一切已成定局之后，谣言自止，业务很快回到了正常轨道。他不但用最小的代价完成了一件大事，而且由此在下属心里树立了“杀伐果断”“有霸气”的印象，之前服气的人更加服气，而之前不服气的人也变得服气了。

关乎公司的方向和战略的大问题，最考验领袖的独立思考能力。

领袖和领导的区别在于：领导和下属站在同一个台阶或是高出一个半个台阶；而领袖则高出几个台阶。所谓高瞻远瞩，领袖因为站得高，所以就能够看到许多别人看不到的东西。当你和别人讨论他完全看不到的东西时，基本上就是对牛弹琴、鸡同鸭讲，所以不谈也罢。搞不好你本来看得很高，结果讨论下来反而被他拉下水也说不定。

在号称“20世纪最好的管理学著作”《基业长青》一书中，作者把精选的18家成功企业称作“高瞻远瞩的公司”，并为此建立了6条标准，包括：在其所在的行业中属于一流；广受企业人士尊敬；对世界有着不可磨灭的影响；已经历很多代CEO；已经历过很多次产品生命周期；在1950年以前创立。根据这6条标准，共有18家公司符合：IBM（国际商业机器公司）、GE（通用电气公司）、宝洁公司、摩托罗拉公司、惠普公司、索尼公司，等等。

具有讽刺意味的是，上面列出的6家公司之中，到2013年，除了IBM和GE仍然占据着行业领导地位之外，摩托罗拉、索尼已经跌出了一流企业的圈子，取而代之的是苹果、谷歌、Facebook，甚至还有中国的华为和腾讯。为什么呢？这和他们的领导人是不是高瞻远瞩，恐怕有着极其紧密的关系。

2013年初，惠普公司爆出多条新闻，说明它正面临危机。不妨看看IBM，IBM这么多年没有从行业领军者的位置上掉下来，主要的制胜法宝之一就是对市场方向的长期战略性判断。因此，它的转型战略虽然持续了20年，但是相当成功（有关细节，见本书“引领战略”一章）。同时大家也发现，这种战略转型，起始于20年前的郭士纳(Louis V. Gerstner)。读过《谁说大象不能跳舞？》那本书的读者都知道，郭士纳上任伊始，做的最牛的决策之一就是大幅裁员。那个时候，除了董事会，他恐怕没有几个人可以商量。

2012年IBM新上任的CEO罗睿兰是IBM超过百年历史中的第九任CEO。而反观惠普，在过去十年中就换了6个CEO。且不说这些人有没有高瞻远瞩的能力，就算有，惠普的董事会绝对不是一个高瞻远瞩的董事会。或许，惠普需要一个郭士纳那样的领袖。

真理往往在少数人手里。能够纵观天下的人实在是太少了！能够理解世界向何处去的人（譬如乔布斯）实在是太少了！在你面对的那一片世界里（市场），你就是那寥寥可数的几个人。所以，你没办法在大事上跟别人商量，你就只能“独断”。在别人不能理解你的“独断”时，你就只能“专行”，坚定地走你选择的路！俗话说：“听蝲蝲蛄叫，还不种庄稼了么？”

独断专行，也并不意味着谁的意见都不听。能和你站在同样高度的人的意见是要听的，尤其是要听那些比你站得更高的人的意见。这种人，在企业内部可能极少，在企业外部也许多一些，但也不会很多，要善于把他们的意见变成你的决定。

当年朱元璋的经典战略“高筑墙、广积粮、缓称王”，就是谋士朱升提议的。在这一点上，朱元璋堪称楷模。关于如何从“高人”那里得到“高见”，“在聆听中提高自己”一节将详细讨论。

关键在于：不管谁给了你建议，在下属面前，你的决定就是你的！

总裁的家庭作业

1. 检查：你对重大问题的决策会依赖别人吗？
2. 你的决策经常会受到哪些人的影响？把那些你认为没资格影响你的人从名单中删掉。
3. 为自己做重要决策设计一个流程：要知道什么，从什么渠道知道，什么事找什么人，最重要的考虑因素是什么，等等。
4. 尝试发布一个让你的副手都不知道的，但能愉快接受并执行的决定。

| 第六节 |
学会做“甩手掌柜”

事必躬亲的人做不了领袖。

所有的领袖几乎都只管大事，他们中大多数人管不好小事。能够把大事和小事都能管好的人不存在，那是神仙。但是，企业里偏偏有这样一种领导，认为自己什么都能管好，所以什么都想管，特别是那些创业初期，在公司还小时“一把抓”的创始人领导。

一个企业的董事长对CEO说，我们公司最近的研发工作做得太差，CTO工作不力，自己要去抓一段时间研发。CEO刚不久跟CTO讨论好了新的研发计划，所以他对董事长说，“计划刚刚开始实施，您是不是等一段时间看看再说？”董事长一瞪眼：“你是不是觉得我不懂技术啊？告诉你，我是做技术出身的，我还是某某大学的教授呢！不就是几十个人的研发队伍么？那个队伍是我带起来的，我为什么不能管？再者说，现在的情况这么差，你还要我等，非要等烂了我再管？”CEO虽然心里明白研发并不是像他说的那样差，但拗不过他是董事长，是公司的大股东，就由他去了。

于是，董事长风风火火地扎进研发队伍，上至总监，下至工程师每一个人都谈了个遍，并且几乎给每个人都安排了工作。可以想象，这些工作与当初CTO的计划差别甚大。一时间，整个研发队伍鸡飞狗跳。CTO无奈，CEO也无奈，他是老板啊，有什么办法。结果两个月过去，董事长把研发的摊子搞得乱八七糟，眼看着没法弄了，回来对CEO说，“好啦，研发就这样了，还是让CTO回去搞吧。”CTO接手，差点哭出来。一个烂摊子，又要从头收拾起，心情之坏，就差辞职了。

更坏的是，董事长过了没几天就又对CEO说，我们的招聘工作做得很差啊，我要去管一段时间人事部。结果不用说，你能猜得到的。然后呢？结果就是在每月例行的总裁管理会上，高层领导们一致要求董事长每年到美国休假半年。

这样的领导，会成为领袖么？

除了管理上的很多问题之外，啥事都管的领导完全忽略了这样一件事：没错，企业小的时候你可能是什么都管过，你懂得市场、懂得销售、懂得客户、懂得技术、懂得人事，你啥都懂，但是，第一，现在企业大了，所面对的市场、客户、员工不同了；第二，你不是超人，你可能在某一个方面甚至几个方面有自己的特长，可真正的全才是没有的；第三，你的员工在他所从事的领域中应该比你更专业。基于此，你的出现会最大限度地暴露你的缺点，尤其是当他们听你说一些极不专业的话、发出一些极不靠谱的指示时，背后嘲笑你还不会让你知道。结果，你可能原本在人家眼里还蛮高大的，这样一来，你的形象不但大打折扣，甚至变成负面也未可知。

我们虽不提倡造神，但做领袖的多多少少还是要有点神秘感。在人际的交往中，大家都会有这样的感受：某些人，在你不认识他的时候，对他可能是高山仰止、崇拜有加，可一旦接触多了，他身上的光环就会逐渐褪去，随着接触的深入，他身上的很多弱点就会暴露在你面前。终有一天你会感叹："唉，他也是个人啊……"

人都是有弱点的，所以有句成语叫"扬长避短"。所谓"避"，有两个意思，一是选择性地去接触和介入事情，对于你不擅长的，你最好让别人做；二是在处理事务的过程中，要学会把自己的短处"隐藏"起来。

管你该管的事儿，做你该做的事儿。你是老大，不要让别人看不起你。展现权力是人性中的一部分。在任何人有了权力之后，就如同人有了钱一样，"炫权"和"炫富"是一个道理。当了老大的人，经常不自觉地喜欢提醒别人"我是老大"。更多的老大有一种习惯，只要事情到了他那儿，他不做决定不做指示就好像对不起自己手中的权力一样。这种习惯造成的后果是可怕的。管住嘴，管住动辄发号施令的虚荣心，是当领袖的必要修炼。

为了你的"威望"，学会做"甩手掌柜"吧！

啥叫"甩手掌柜"呢？形象一点儿说，就是事情到了你面前，你要判断这件事儿该不该你管。因为公司里绝大多数的业务，是由你的经理们去管的。销售的问题有销售副总，财务问题有 CFO，技术问题有 CTO，人事问题有人事总监。只要你判断那不是你这个层次该管的，你就大手一挥，说一句：这事儿不该我管，该谁管找谁去！

很多不该你管的事儿找到你，原因是找你的人有私心。要么是想投机取巧，要么是另有意图。一个你看起来不大的事儿，你却不知道背后发生了什么，一旦你做出决定，你就上当了，背后所有的得意和埋怨都会落到你头上。所以，省省吧！

总裁的家庭作业

1. 学会说“这事儿不归我管，归谁管找谁去！”
2. 记录一个星期中你“管过”的所有事儿，列出哪些是不该你管的。
3. 反思哪些大事儿因为你管了太多不该管的小事儿被推迟和耽误了。
4. 把那些不该你管的事儿推到你面前的经理们叫进办公室立规矩。

| 第七节 |

让那些“牛人”服你

和一个公司的老大聊天，谈到公司的管理团队建设，老大自豪地说他在几个月的时间里完成了一级部门领导的调整，引进一批“牛人”。这批“牛人”在业界都是出类拔萃的人物，加入之后短时间内的表现也证明，他们在这个处于高速发展阶段的成长型企业，可以承担起继往开来的责任。但老刘说：吸引“牛人”进来不难，难的是怎样把他们留住。

老刘之所以有这样的告诫，是因为老刘想起来另外一家公司。那间公司在一两年前和这家公司的情况很是类似。老大在一年之内引进了一批高管，其中有来自世界500强企业的，有来自国内500强企业的，总之都是“牛人”，都是业内的翘楚。不幸的是，仅仅一年的时间，那些高薪引进的“牛人”高管一个个相继离开，公司也随之“一夜回到解放前”。

“牛人”留不住原因是复杂的，但如果你跟这些人聊聊就会发现，他们离开的理由绝大多数在老大身上。

首先，还是从最基本的要求说起。除了对你所从事的事业的认同和热情，每一个“牛人”都期望在一个适合自己的平台上发挥作用，同时能够“名利双收”。尤其是有机会上市的公司，这些“牛人”加入的目的之一无疑是在公司上市中获得相应的利益。而且，在他们加入时，相信老大也是以此作为重要诱惑条件之一的。但是，当他们发现上市这件事实际上跟自己没什么关系时，他们就会算一笔账：“我为什么舍弃了原来在大企业稳定的工作和高薪，而加入这样一家公司呢？”

老大说了不算，是前面我们讲到的诚信问题。除了诚信问题，利益的分配最能反映老大的胸怀，尤其对于中国人来说。

大家一定读过《水浒传》，宋江之所以能够成为梁山领袖，其实就是一条：仗义疏财。说起来宋先生所做的，大部分都不过是些小恩小惠，但他有两点做得很到位：一是钱花得是地方，总是在别人陷入危机时雪中送炭；二是不会因帮助了别人就高高在上，均以兄弟相称（大家都知道这是忽悠，可事实上大家都吃这一套）。于是，他就博得了“及时雨”的美名，成了大家的领袖。

那些连一点股份都不肯分给下属的人，别人多拿些奖金就心里别扭的人，又怎么能让人尊敬？没有尊敬，哪有崇敬？没有崇敬，哪有领袖？

说起来，不过一步之遥，可就这一步，世界上却有超过 99% 的人跨不过去。

其次，就是信任。所有的“牛人”都有一个共同的诉求，就是能有一个施展的空间，因为他们有本事，也自认为有本事，所以要发挥，发挥不出来就郁闷。谁能够给他们这样的空间，他们就服谁。

老刘曾经到一家大公司讲课，总经理很客气，特别约了见面，并且尽最大努力抽出时间听课。后来课程讨论中，谈到公司面临的各种问题，同学们都一副很为难的样子。老刘就说："这些问题为什么不能请总经理出来解决呢？我看你们总经理思路蛮清楚的呀。"同学们叹口气说："唉……您不知道，我们总经理就是使唤丫头拿钥匙——当家做不了主啊！"

"哦？"老刘问，"举个例子？"

例子如下：董事长大人不知道为什么整天忙得不行（好像不少公司的老大都这样，没人知道他们在忙什么。神秘感需要有，完全的云里雾里也不行），总经理就好心地对人事总监说，你们帮忙给董事长找个秘书吧。人事总监领了命，就去跟董事长请示，问他期望找一个什么样的秘书，结果董事长很惊讶地说："找秘书干什么？我的事儿总经理不是都能办了吗？"

你明白了，在董事长眼里，总经理就是他的秘书。事实上也是这样。如果这个总经理是个"牛人"，他能忍受多久？

老刘的祖上有几个领袖，汉高祖刘邦是一个，汉武帝刘彻是一个，还有一个就是三国的刘备。刘备先生除了"两耳垂肩，两手过膝"之外没听说他有什么本事，但他手底下的诸葛亮和五虎上将关张赵马黄都是"牛人"。这些牛人之所以能够跟随他一辈子，其中主要原因之一就是放手，最典型的就是对诸葛亮。你啥时候看见刘备干预诸葛亮的战略战术了？诸葛亮没有犯过错误吗？没有打过败仗吗？诸葛亮动过跳槽的心思吗？

给人舞台，也是一种胸怀。

其实，刘备先生有一个致命的弱点：自己啥本事也没有。但是他做了一件很重要的事，把这个弱点给弥补了：他到处宣扬以致说得自己都深信不疑，"我刘备是当今皇上的叔叔，中山靖王之后，根红苗正，辅佐我就是辅佐正统。"在封建社会，他给自己头上戴的这顶帽子，就是让人臣服的一个至关重要的条件。

如果你不是权钱二代，翻烂家谱也找不到能证明自己是“正统皇室”的后裔，就得用本事来叫别人服气。在尚未成熟的成长型公司尤其如此。这种所谓的“本事”包括两方面，一个是自己本身的能力，另一个是你获得资源的能力。后一句的另一种说法就是，我自己不成，但是我知道谁能成，并且能让他帮我办成。

这种“本事”可能会涉及各个方面，或是技术上的（技术出身的老大的长项），开发中遇到的最大的难题你能解决；或是销售上的（营销出身的老大的长项），你能拿下别人拿不下来的订单；或是管理上的（在大公司做过管理的老大的长项），你能协调别人协调不了的矛盾；或是财务上的，公司缺钱的时候你能找到资金……

所有这一切，如果你一个也做不到，那么你就必须能够找到资源帮你做到。否则，那些个“牛人”凭什么服你？

除此之外，在本书中讲到的每一节都会帮助你成为比“牛人”更“牛”的人，因为“牛人”们的领导就是领袖。

总裁的家庭作业

1. 回想过去三年内离你而去的“牛人”，他们为什么离开？和你有什么关系？
2. 你自己也算“牛人”，列出你能服别人的五项条件。
3. 和你手下最可能离开的“牛人”喝茶，了解他最大的郁闷是什么。
4. 请考虑做什么才能使你的“牛人”在心里认为这个公司也是“自己的公司”？
5. “牛人”都是有个性、有脾气的，你怎样“管理”好他们的个性和脾气，让他们服你？

| 第八节 |

勇敢承认错误，承担责任

在很多人的词典里，似乎没有“对不起，我错了”这样的短句，尤其是那些当领导的人。在他们心里，说这样一句话是丢人的。如果在公开场合，当着很多人的面说这样的话是丢面子的，尤其是当着下属的面说这样的话是掉价的。

其实不然。在古代封建社会，作为至高无上的君王，有一种公开承认自己错误的形式，叫作“罪己诏”。

曹操的儿子曹丕，比起他老爹来算不上一个领袖级人物。在曹丕登基的第二年，天上出现日食，群臣要求按旧例罢免太尉以避灾。但在那个时候，曹丕刚上台不久，大局不稳，如果因此失去一个重要干部，对政局不利。于是曹丕下诏说：“上天降下灾异，那是警告天子的。天子委过于下级官员，这不是圣人的做法。” 一副“我是老大，有啥责任都是我一人承担”的气概。这一招不仅保住了谋臣贾诩，也为自己留下了宽仁、厚待功臣的美名。

汉武帝刘彻的《轮台罪己诏》更有名。让老刘感到有些震惊的是，在惜字如金的汉代，这一罪己诏，居然洋洋洒洒，几近千言。足以说明，汉武帝对自己的内省是多么的深刻。

《资治通鉴》里说：“古之君子，其过也如日月之食，民皆见之。及其更也，民皆仰之。今之君子，岂徒顺之，又从为之辞。”这句话的意思是说，对古代的君子来说，他们的过错就像日食月食一样可以摆在老百姓面前。如果他们改正了错误，老百姓就会仰慕他们。而今天的君子们呢，犯了错误不愿意承认，还给自己找理由。

这话说得太客气了，犯了错误不愿意承认的人，还算得上君子么？犯了错误勇敢承认，勇敢承担责任，不仅仅是一种素质，更是一种美德。

对于公司业务发生的重大错误，老板们经常给出的理由是：一、执行不力，是下属的问题；二、竞争对手太强大，“不是我们无能，而是对手太狡猾”；三、环境不好。

2012 年，曾在微博上看到某著名企业的董事长写给员工的一封信。这封信讲到了公司业务遇到了“有史以来最严重的下滑”。因此，董事长大人心情很沉重，并且“这样的沉重持续了将近一年的时间”。首先不能理解的是，现在的市场变化这么快，他老人家居然能忍上一年眼睁睁地看着“有史以来最严重的市场下滑”生闷气，而不去做些什么。

与其相反的是，柳传志在 2009 年 2 月，因为联想的业务亏损，重新披挂上阵。这种事儿，苹果的乔布斯干过，Dell 的 Mechael Dell 干过，经营之神稻盛和夫干过。在关键的时候，不去指责别人，而是勇敢挑起重担，所以他们是领袖。

接下来，在这封信中，这位董事长先是指责员工：“一些人关心企业福利、工作环境居多，为一个水果、几瓶酸奶、一趟班车津津乐道……加班一个小时就要义正词严地索要加班费……”我就不明白了，公司花钱给员工配了“水果、酸奶、班车”不就是让他们津津乐道的么？难道员工得了还骂娘你才高兴？加班要加班费是天经地义的，有什么错吗？

董事长大人的要点在此：“很少探讨如何改良自己的工作、提出合理化建议。谈到工作，基本都在抱怨其他部门和同事，谈到工作中的不顺畅、沟通中的障碍，语言激烈、情绪负面。”并且得出结论说：“这不是一个伟大企业的文化价值观，更不是能够抵御市场不同环境、众志成城迈向未来的企业文化！”多么伟大啊！可惜怎么听都像是老刘这样的角色（企业顾问）应该说的话，而不是企业董事长该说的。发生这样的问题，你的责任在哪里？尤其是企业文化的建立，董事长也许可以不管具体业务，但是对企业文化的建设却是责无旁贷的。

接着是批评管理者："管理者应是团队的带头人，是行为准则的标杆，是以身作则的榜样。而不是画地为牢的部门孤井的建立者，不是找借口不找方法的不负责任的高明的推脱者，更不是不为企业贡献价值，天天沉浸于低效、冗长、议而不决的会议中而不能推动工作有效落地甚至成为流程运行的障碍的绊脚石。"这话说得真好！谁是这些管理者的管理者呢？

他要求："请每一个员工问问自己，你为企业做了什么贡献、创造了什么价值？请每一位管理者也问问自己，你是如何秉承公司价值观，以身作则、带领团队创造绩效的？"问得好啊。老刘也有一句话问董事长："您作为董事长，公司最高管理层是您管的。如果他们是绊脚石，您就是绊脚石的创造者，为什么通篇没有一句自我检讨呢？全都是下面的错？您没错，还是不好意思说？

你觉得这样的一封信，会让经理们和员工们服气吗？因为有了这封信，他们就会自动改正了？假如在批评经理和员工之前首先做自我检讨，结果会怎样呢？勇敢地承认错误、承担责任，但也不是让你无原则地大包大揽。恰当的检讨不但不会损害你的威望，反而会得到信任，提高威望。

总裁的家庭作业

1. 对过去一年的工作中自己的重要错误进行总结，在高层管理会上做一次检讨。
2. 要求你的直接下属做出同样的检讨。

| 第九节 |

永不骄傲，危机感提示第一人

中国企业里，老刘最佩服的企业之一是华为；中国企业家里，老刘最佩服的人之一是华为的任正非。

对任正非的佩服，是从他那篇著名的《华为的冬天》开始的。因为那个时候，是华为发展势头十分好的时候。他说："十年来我天天思考的都是失败，对成功视而不见，也没有什么荣誉感、自豪感，而是危机感。也许是这样才存活了十年。我们大家要一起来想，怎样才能活下去，也许才能存活得久一些。失败这一天一定会到来，大家要准备迎接。这是我从不动摇的看法，这是历史规律。"然后，他给出了十条非常具体的改进建议。

想知道企业的领导和领袖的区别吗？把上一节中那个董事长给员工的信和任正非的《华为的冬天》一文（发表在华为内刊上，也算是写给全体员工的）拿来比较，高低立判！

曾几何时，看到一些公司，刚刚做到一亿两亿，便飘飘然起来。老大开始忙于"政"事，当个政协委员，弄个协会、学会理事长的名头。以为自己就是行业的领袖了。殊不知，企业发展还面临无数艰难险阻，一个万里长征不过才走了七八十里，若干大问题还亟待解决。

不错，您确实已经带领公司爬上了一个山头，但做领袖的，一定要有"会当凌绝顶，一览众山小"的志向和气势。有点成绩便沾沾自喜，别人的批评也听不进去，首先看不起你的，就是你公司的经理们和员工们。

我十分相信，任正非真正的领袖地位，就是从那篇《华为的冬天》开始确立的。

我们说过，领袖的威望在于其高瞻远瞩，尤其是在企业取得成绩，甚至达到某种程度的辉煌时，能够保持"众人皆醉我独醒"，告诉大家，这只不过是长征途中的一站。因为你看到的，是更加远大的前景，而不是脚下这块小小的阵地。

总裁的家庭作业

1. 给员工写一封信，或者在全体经理会上讲话，告诉大家你的危机感。

2. 以上动作，每年一次。

3. 对产生骄傲情绪的经理狠批。

| 第十节 |

损害威望的若干“小节”

在前面的九节中，我们集中讨论了建立领袖威望的一些要点，简单总结起来就是：诚信、决断、胸怀、放手、承担、清醒。除此之外，还有若干“小节”会使你在建立领袖形象时大打折扣，它们包括但不限于：

1. 管不住自己

每个人都有性格，所谓“江山易改，本性难移”。这一条对于领袖来说，恰恰是要改变的，不是说你要改变自己的性格，事实证明那是一件不可能完成的任务。但作为领袖你必须懂得，性格可能是你成功的基石，也可能是你失败的根由。所以，对于自己的性格，首先要非常清楚地知道其长处与短处，扬长避短。性格弱点对威望的损害是致命的。

人都是个性化的，不管怎样归类，都难以准确描述一个人的性格，就算是自己也未必能说得清楚。总的来讲，性格的控制就是有意识地往相反方向努力。譬如，如果你是个急性子，你就要在做决策的时候把自己放慢；如果你是个慢性子，你就要加快自己的判断速度；如果你是个外向的人，你就要适当管住自己的嘴；如果你是个内向的人，你就要加强自己的语言沟通能力。性格是难于改变的，但是习惯可以改变。有人说 7 天可以形成一个习惯，您 70 天改变一个习惯如何？习惯的改变可以带来意识上的转变，意识上的转变会反过来影响性格。

有人会说，老刘你说得不对，人家安迪 · 格鲁夫说“只有偏执狂才能生存”，你怎么就一直强调中庸呢？呵呵，这个问题有点大。不过，依老刘的看法，两种说法都不错。因为偏执狂说的是对自己的目标和信念的执着，而中庸指的是你在日常的工作中怎样避免因某种“偏执”而影响目标的达成。

领导做得越大越不容易管住自己的性格，因为权力容易使一个人无所忌惮。越管不住自己，你犯的错误就越多，你在下属心里的威望就越差。

手机扫描二维码后，输入“ZCLB01”，你将看到一位打算离职的员工，痛心疾首地写给老板的一封信，以及老刘给这位员工和老板的良心建议。

2. 我是老大

有些领导，尤其是自己一步步做起来的企业领导，颇有些“皇帝意识”——“普天之下莫非王土，率土之滨莫非王臣”。他的“一亩三分地”就是他的“天下”。因此，他可以为所欲为，全然不把别人放在眼里。不大的公司，所有人都是他的长工。这种人，威则威矣，绝对无“望”。

3. 不公平

常听企业里的经理或员工抱怨的是“不公平”。其中，最可恨的是老大造成的，或者是因为老大“任人唯亲”，或者是因为老大偏听偏信。最让人不能接受的是，老大把自己的七大姑八大姨、远亲近邻都安排在公司里担任职位。这些亲戚又不知收敛，闹得公司鸡飞狗跳，员工们对老大一定是一肚子怨气。虽说天下没有绝对的公平，但是做老大的，能“一碗水端平”也是个本事。

4. 不尊重别人

天底下恐怕没有不骂人的老板，但是有会骂人和不会骂人的老板。会骂人的老板明白骂人的目的，而不会骂人的老板经常只是为了耍威风。

曾经有一个老板，为了前台小姑娘一个小小的错误，就可以站在前台把小姑娘骂上半个小时，直到小姑娘双泪长流。他不但大吼大叫，而且还带脏字。老刘就觉得，这个老兄实在是跌了自己的身份。更关键的是，他对自己的员工没有一点点尊重。

尊重是相互的，你不尊重别人，别人为什么要尊重你？人家嘴上不敢骂你，心里早就把你的八辈祖宗骂个遍了，还想让人家崇敬你？呸！

5. 整天板着脸

没有人喜欢“棺材脸”，整天严肃得像是别人欠了他多少钱似的，给人的印象总是高高在上、遥不可及，别人跟他说句话都战战兢兢，甚至浑身发抖。当一个人对另一个人的惧怕超过其他情感的时候，他可能做到不折不扣地执行你的命令，但他也会每天想着怎样离开你。

6. 肚里没货，还喜欢卖弄

当了老大的人多数都喜欢一点：卖弄。“好为人师”是人的本性之一，但不能过。如果您真是“才高八斗，学富五车”也就罢了，适当地显摆显摆，也能增加别人对你的景仰。但是，如果你“一瓶子不满，半瓶子咣当”，尤其是在一些专业领域，还到处不停地诲人不倦、指指点点，就招人烦了。人家当着你的面可能会点头称是，背地里却嗤之以鼻。

有些老大，因为每天有很多的社会交往，经常道听途说一些只言片语，也不过脑子便奉为至宝，逢人便吹、便教导。这在别人心里，只会愈发觉得你浅薄。

7. 婆婆妈妈

世界上多数人都怕絮叨，老刘也是。和婆婆妈妈的人谈话，总是感觉那人在侮辱自己的智商。说人婆婆妈妈，不是对女性的不敬。反而老刘认识一些女性领导者，几乎都是举止干练、思维清晰、语言简练的人，让人肃然起敬。

做领袖的人，要学会言简意赅。能用两句话说清楚的不用三句，能有条理分层次地表达，是一个基本要求。语不求惊人，但你的内容会“动”人。啰里啰嗦是把自己“混同于邻居大妈”。同时，也叫人“敬”不起来呀！

8. 生活不检点

这个话题可以写一万字，也可以写一句话，大家懂的。生活问题，无非“酒色财气”四字。而且，别说那些贪财贪女人的，就算是喝完酒胡说八道的领导，也会让别人在背后指指戳戳。

9. 贪图私利

这里指的是贪图小利，把公司真的当成自己“家”的那种。确实有这样的老大，恨不得家里孩子买尿布的钱也要到公司报销。就算公司 100% 是你的股份吧，但你也不能忘记钱是大家挣来的。不管你在公司战略上做出了多“牛”的事，就这一件便足以把你的形象彻底毁灭。

总裁的家庭作业

检讨，检讨，再检讨。能改的改，不能改的忍着不干行吗？

02

抓住人心

| 第一节 |

洞察人心，抓人要点

得人心者得天下！

企业主们最常见的说法是：我给你钱，你就得给我干活。

老刘曾经在若干家做软件的公司工作，对于员工的工作效率受什么影响有深切体会。如果说，在工厂的生产线上，一个工人可以含着眼泪完成他的工作的话，一个软件工程师基本上不可能含着眼泪把他的活儿干好。用心的活儿和用手的活儿差别很大。一个软件工程师，如果他早上跟老婆吵了一架，就有可能一天都写不出几行代码。这是说的心情。

再上一个层次，说的是心气儿。我们总是说，人这一辈子，最好的状态是干自己喜欢的事儿。干自己喜欢的事儿是最能激发能力的，也不会觉得累，效率最高。因为他有心气儿。

在企业里，如果一个员工说"我喜欢这份工作"，通常意味着三个方面：第一，喜欢所做的事儿；第二，喜欢这间公司（工作环境）；第三，喜欢老板。

虽不知道有多少人找工作时冲着老板去的，但不能否认的一件事儿是一个公司的凝聚力有一半是老大的功劳。当然，如果公司缺乏凝聚力，也主要是老大的问题。

领导力大师约翰·麦斯威把领导力分成了五个层次：

一、权力：人们因为你的职位而不得不服从你。

二、关系：人们因为和你的关系好而跟随你。

三、绩效：人们因为你为组织所做的贡献而跟随你。

四、复制：人们因为你培养他们而跟随你。

五、尊敬：人们因为尊敬你和你代表的使命感而追随你。

其实还有一个层次：人们因为打心眼儿里佩服你和喜欢你，而愿意为你做事。这里的“人们”可能不一定是公司里的所有人，但是有这样一个核心团队足矣。

要做到这一点，关键是抓住人心。人心怎么得来呢？一句古语叫作“人心换人心”。怎么换呢？前提是你知道对方的心。怎样知道下属的心呢？又怎样抓住他们的心呢？这是本章将讨论的问题。

手机扫描二维码后，输入“ZCLB02”，你将看到一封老大写给接班人的信，以及老刘的点评和解析。

| 第二节 |
善于聆听

聆听是一种能力，也是一门艺术。言为心声，要知其心，先学聆听。

很多做领导的只会讲，不会听。多数的说法是领导太忙，没有时间。实际上这都是托词，他们只是不想听。不单是普通员工的话不想听，就算是身边的副手们找他谈谈心也是很难。根本上，他是不想听别人说实话。

其实，每一个人都会有心事，都有向别人倾诉的欲望。如果你做一个调查，就会发现公司里想跟老大谈心的绝不少于一半。当然，并不建议老大去聆听每一个人，也没必要。但该听的必须听，尤其是你认为重要的人。

而且，要学会听几种话。

第一，要听实话。忠言逆耳，实话也逆耳。忠言之所以逆耳，在于其中实话居多。人家因为“忠”你，才会跟你说实话。你不愿意听可以，一次、两次、三次之后人家就不跟你说了，对你也就不忠了。也就是说，你失去他的心了。

公司里的“实话”，无非是说公司里存在的问题。其实这些个问题，如果你做老大的不是太过昏庸的话，大部分你是知道的。但人家不知道你是不是知道，怕你整天高高在上看不见，又怕问题严重起来后对公司造成损害，所以就会来找你。这个时候，你可能有几种表现：第一种，你直截了当地说，“对不起！我没时间”；第二种，在人家说了两句之后，你打断人家说，“对不起，这事儿以后再说吧”；第三种，听人家说了，很不在意地说，“就这点事儿啊，我都知道，我会考虑的”；第四种，认真听人家说完之后说，“很好！谢谢你。这些问题确实存在，你有什么改进建议吗？今天没时间谈了，你能写出来吗？或者我们找时间再谈？”

如果你是那个下属，你会有怎样的反应？在得到最后一种反应之后，你会不会觉得很兴奋？恨不得把自己一肚子话都说给他听？反正如果是我，我会的。而且，如果你真的听了他的意见做了改进，他的心也会真的向你靠拢。

第二，要听苦话。所谓苦话，一般就是牢骚。牢骚大多数也是因为人们自己认为的“不公平”引起的。所谓“不平则鸣”，他感到委屈，他觉得不舒服，他就要找个地方把这种委屈和不舒服倾泻出来。倒出来的都是苦水，所以叫苦话。

很少人喜欢听别人牢骚。尤其是上级对下级。毛泽东当年对柳亚子，就曾经有过“牢骚太盛防肠断”的诗句。这是劝诗人牢骚别太多。

然而，“发牢骚”确是人们的一个基本需求，但对发牢骚的对象是很有选择的。一般说来，越是内心深处的事，就越愿意找自己认为更知心的人去倾诉。所以，找老板发牢骚的下属，通常会对老板怀着某种信任和期望。有时候，还会掺杂着各种试探。对于期望，他在找你之前通常会有一个基本的判断，如何应对不是这一节的主题，要点是你要听。人们的牢骚发起来最不容易控制，经常会像滔滔江水。正因如此，他才会在不经意间说出很多心里话，就像“酒后吐真言”一样。而发牢骚的人对对方的期许，最主要的也是要人家听。

因为大多数发牢骚的场合都在私下（公开发牢骚的另行处理），所以，你可以通过各种方式拉近与对方的距离，譬如适当的自我批评和检讨、适当的解释、真诚的宽慰、长者般的开导，以及承诺某些你比较容易为对方做的事情，等等。这种距离的拉近是心理上的。对于牢骚者来说，如果他在你这里得到了宽慰，数次之后，就会形成某种心理依赖，你就成了他的“知心朋友”。

第三，要听骂话。企业里也会有人骂娘，甚至会有人在老大的面前骂娘。听不听，怎样去听和听了以后怎样反应，是对企业领袖的胸襟和人格的考验，也是获得人心的重要途径。

然而，闲话是不能听的。

何为闲话？企业里经常会有这种现象，某些人在一些不那么重要的场合，会主动找老板聊聊。聊什么呢？聊公司里的一些“闲事儿”，谁跟谁好啦，谁跟谁有矛盾啦，等等。这就是“闲话”。通常闲话不闲，背后都有目的。通常都是一些“离心离德”的事儿，对于那些耳朵根子比较软的老大，这种闲话最容易左右他的决策，根据闲话做出来的决策，通常也都是“离心离德”的决策。所以，这些个闲话，不听也罢。

解决这种“闲话”最简单的方式是你告诉对方：有什么话跟大家说吧！

总裁的家庭作业

1. 当企业内部有人当着你的面列举企业中存在的问题时，你的直觉反应是什么？拦住？辩解？指责？反问？倾听？记录？感谢？承诺改进？
2. 当企业外边的人对你说你企业存在的问题时，你的反应是什么？反感？辩护？反击？倾听？记录？感谢？并承诺改进？
3. 你有没有生硬地打断下属和员工说话的习惯？
4. 下属在你面前倒苦水的时候，你通常是什么态度？
5. 你是不是很不喜欢那些在你面前直言不讳、不会拍马屁的下属？你想过这些人的价值吗？
6. 哪些人经常在你面前说闲话？对这些人你怎样判断和处理？

| 第三节 |

做导师，善于批评

在中国的文化里，“师”是一个很重的字。“一日为师，终身为父”是最好的诠释。在西方的管理学理论中，企业的领导都必须担当一个重要的角色——coach，就是教练。

IBM 的人才发展计划中，有一个重要的制度，叫作“Mentor Program ”，就是为每一个员工找一个“师傅”。其实不止 IBM，很多企业也有。

人们都知道人生成功的四个要素：机遇、天才、勤奋、良师。

良师很重要。领袖们都是良师。

和“师”（老师、师傅、导师、大师等）是可以交心的，如果你心里真的认为他是你的“师”。

但是真正成为导师，需要太多的前提条件：学识、见识、人品、能力等。

在这里不一一展开，我们还是从“心”说起。也就是说，在做导师的过程中，如何赢得学生的心。

重点不在“教”，而在“导”。“导”的艺术中，关键在“批”的艺术。如果你家里有小学生，你问他最喜欢哪个老师，答案一定不是家长心目中那个教得最好的，而是学生心里那个最会“批评”的。

戴尔·卡耐基在《如何赢得朋友及影响他人》中告诉我们在人际交往中要注意避免三个c：批评（criticize）、谴责（condemn）和抱怨（complain）。《从领导到领袖》的作者约翰·福尔曼说要加上另一个c：比较（compare）。老刘觉得很有道理。但对于企业的老大来说，不批评人恐怕是不可能的，甚至不骂人都很难做到。关键的问题是：怎样在批评的过程中，让被批评者心服口服又有收获呢？

在英语里，criticize的含义好像比中文的“批评”要重。因为同时含有“苛求”和“非难”的意思。所以，我认为卡耐基不是要我们不去批评，而是不去责难。这四个c，非常形象地描述出一些领导批评下属的方式：“你看你干的什么事儿？这怎么收拾？”（责难）；“你就是个笨蛋，这点小事儿你都干不好，你还能干点啥？”（谴责）；“我怎么就把这么重要的事儿交给你了呢？你就不能给我点信心吗？”（抱怨）；“你看看人家？都是一块儿进的公司，为什么人家进步那么快，你还是这个德行？”（比较）。

这四类批评的结果大家都想得到，可能不完全想得到的是，被批评人会因此在心理上离你更远。甚至有时就像家里的孩子一样，由爱生恨。因为他从你那里得到的，不是有益的建议和循循善诱，而是屈辱和尊严的丧失。

其实你完全可以换一种方式。

首先，你要把对方和你放在一个阵营里。譬如说，某个经理因为业绩不错产生骄傲情绪，因此说了一些错误的话和做了一些错误的事儿，你要批他。第一句如果你说：“你牛什么啊？你骄傲什么啊？我们公司这几年成长这么快，你看我骄傲过吗？我不敢啊。我们还太小，没有骄傲的资本，对不对？”这时候对方就算有多大的怨气，也消了一半。下面的话就好说了。

其次，你也可以主动承担你应该承担的责任。譬如说，你的副手犯了错误，你说，“对不起，虽然错误犯在你身上，但是我也要自己检讨，这段时间我们沟通太少，是我忙，没顾上来，请你原谅”。这种检讨，不是大包大揽，而是建立一种“谈心”的气氛。老刘总是建议企业的老大们，对于企业内部的业务检讨会议，要想不开成相互埋怨、相互指责，最后没有结果的吵架会，不如从老大开始，逐步形成“自我批评与批评”的会议，“自我批评”在先。只有这样，才能谈得清楚，才能谈得平心静气，才能谈出结果。

再次，你要把主要的时间放在“评”，而不是“批”上。“批”是容易的，也是应该的，因为“批”的作用主要是在态度上，在某种紧急时刻和重大问题上，你就算破口大骂也是应该的。其目的是让对方“警醒”。在公司业务中，也会有不少“急事”，但一般到不了老大的层次，真的到了，就是大麻烦。老大更多的是对方向的把握。所以，在批评对方的错误时，对错误本身以及错误相关的环境、来由和可能的结果，能不能做出正确和独到的评价，是能不能让被批评人服气的重要因素。

接下来，就是给出建议性的改进方案。当然，你可以让被批评人自己考虑并给予更有高度的指导。

如此反复多次，下属们会在心里向你竖大拇指。

总裁的家庭作业

1. 每个领导都在不自觉中充当着下属导师的角色，但不是每个人会想到要主动去做。你是主动的，还是被动的？
2. 你是怎样批评下属的？你觉得自己的每一次批评他们都接受吗？他们会因为你的批评而感激你吗？
3. 对于不同的下属，你应该怎样有针对性地指导他们？
4. 你有没有作为师傅（mentor）亲自带几个徒弟？

丨第四节丨

洞察需求

在拙作《悟道：一个IT高管20年的职场心经》一书中，老刘曾经告诉员工们如何“三招搞定老板”。其中谈到的“三招”，就是“一个中心，两个基本点”：尊重；把老板当客户，善用老板资源。

读到这里，你可能会问：你不会让老大也把员工当成客户吧？

正是这个意思！

跟客户打交道，最重要的是什么？洞察他的需求。

老刘在某大公司做战略总监的时候，一个大区总经理对老刘说，他的经理们战略意识普遍薄弱，因为多数都是销售队伍的带头人，销售任务又重，大家都变得非常短视，只知道摘果子，不想如何种树。于是，邀请老刘跟大家谈谈。老刘开谈，第一句话问：“你现在是几级？”接着问，“你想不想升级呢？”大家都想。这就好办了。下一个问题是：“如果大家都能完成销售任务，老板要从你们之中提拔一个，会提拔哪一个呢？一定是最有战略头脑的那个，对不？”

另一个例子。

一个部门经理，负责的那块业务处在公司主营业务的边缘。说实话，在公司战略上的地位不高，却又是产生销售额和利润的一个要点。在这个经理的带领下，业务做得不错，但总觉得经理提不起精神。于是，老大找他谈话。

“你的业务做得不错，我觉得这块业务还很有发展空间。但为什么在你的业务战略规划上，感觉你不太积极呢？”老大问。

“我觉得我们这块业务是游离在公司主营之外的，他的作用无非就是多增加收入和利润。我只要能完成任务不就好了吗？战略跟我没什么关系呀。”经理说。

“那么你觉得如果这块业务做大起来后，下一步的发展方向是什么？”

“按照公司的思路，应该是成为一个事业部，最后成为一个子公司。”

“没错。按照你现在的做法，如果到了那个时候，我可能会让你做负责销售的副总经理，另派一个更有战略能力，更能把握全局的人做总经理，这样的安排你会接受吗？”

“很难。”经理说。他心里的话是：江山是我打下来的，总经理当然应该是我。你派别人来，我怎么能接受？

“好吧。那么你就想一想，你要想坐上那个公司总经理的位子，从现在开始，你该做些什么？”

经理沉思片刻，对老大说：“谢谢你，我明白了！”

这就是典型的洞察需求的过程。实际上，这个需求深埋在经理的心里，他自己并没有真正意识到，老大帮他“挖”出来了。而且，从他最后的那一句“谢谢”开始，他的心就交给老大了。

洞察别人的“需求”并不容易。薪酬、职位、权力、前程、环境等都可能是他的需求，哪一个更重要，哪一个最重要，是老大们需要花心思去判断的。判断对了，你可以对症下药，获得他的信赖；判断错了，可能成本不低，却没一点效果。譬如，某些对权力更有兴趣的人，你就算送给他一栋别墅，也没用。

总裁的家庭作业

1. 对你的直接下属分别做一个分析，分析一下他们对自己的个人发展需求是什么？他们对公司发展的期望是什么？对你这个公司老大的期望是什么？
2. 你怎么理解下属和员工也是“客户”？他们的相同点和不同点在哪儿？

| 第五节 |
“远交近攻”

“远交近攻”原本是一个军事术语。是三十六计中“混战计”的第五计。用在这里，是另一层意思。其实，企业里也有民心向背。

曾经见过这样一个老大，无论什么时候，他出现在员工面前的时候，都会是面带微笑，和煦如春风。但一关起门来，面对他的副总裁们，尤其是和副总裁一对一的时候，就会变得十分可怕，甚至会把一个50多岁的资深副总裁教训得掉眼泪。

这是个聪明的老大。领袖的威风不是要给小民看的。在普通员工眼里，他应该是长者，应该是大哥，应该是循循善诱的导师。但在高管眼里，他可以是“凶神恶煞”。当然，要是一个讲理的“凶神恶煞”。

也许有人会说，你刚刚还在说要把下属和员工当成客户，对客户要凶神恶煞吗？千万别理解错了。我们常说恩威并施，上一节说的是恩，要根据下属的需要做相应的激励；而这里说的是威，是对身边人的威。恩和威都是获得人心的手段，并且对于身边人的威更能获得普通员工的尊敬。

这就是本文中“远交近攻”的含义。

试想一下（其实不用想象，观察一下），如果一个老大，对身边的人照顾有加，事事体贴，而对普通员工整天摆着一张黑脸，动辄骂人要威风，他还能“得民心”吗？

总裁的家庭作业

1. 你知道自己在普通员工心中是什么形象吗？是崇敬？是喜欢？还是惧怕？甚至憎恨？
2. 你会不会迁就副总的错误，而对普通员工的错误不依不饶？
3. 你有没有经常请普通员工一起吃午餐，或者一对一聊聊？

| 第六节 |

树立“感恩”理念

曾经遇到一个创业企业的老板对老刘“抱怨”说：“我现在其实不是老板，是打工的。为谁打工呢？为员工。你看，这一年干下来，公司的收入恰好够给员工发工资，老板自己的‘工资’却没了着落。老板辛辛苦苦一年，不是给员工打工了么？”老刘问他：“那你觉得亏么？”老板回答：“不觉得。其实我还很感谢他们，因为有了他们，我才能把自己的事业做下去。虽然我没挣到钱，一方面公司还是我的嘛，另一方面，他们能在我这个小公司里委屈已经很不容易了。”

听完，老刘暗挑大指，也明白了为什么他的公司虽然遇到了很多的困难，但员工们还愿意跟着他干。这样的老板必能成大事。所以说“感恩”，不只是培养员工对公司的感恩理念，同时老板自己也要有感恩的心态。

再反过来说说员工。

对于员工这个群体来说，他要对公司感恩，对公司的领导感恩，是因为在公司得到了他想得到的东西，也许更重要的是，他得到了想得到的但在别的地方得不到的东西。这种“东西”，包括了很多方面，钱只是其中的一个方面，甚至不再是最重要的。这一点，我们会在其他章节详细讨论。

除了金钱，可能是良好舒心的企业文化环境（心理环境不是物理环境），可能是能够学到很多东西，可能是得到了发挥才能的舞台，可能是公司的品牌给自己带来的自豪感，也可能是在事业上有上升的空间，等等。其实所有这一切，都是员工们想得到的。虽不知道有没有哪家公司能够全部满足，但那些能让员工一直为其工作几年、十几年、几十年的公司在这些方面都不会太差。不然怎么会留得住人呢？

除了群体，领导们还要关心他应该关心的个体。为什么？因为他需要建立一个核心的“子弟兵”队伍。关于“子弟兵”的话题，我们后面的章节还将专门讨论。这里我们只说怎样让你的“子弟兵”感恩。

要点有两个。其一是“锦上添花”不如“雪中送炭”；其二是用什么都比不了用心。

所谓雪中送炭，就是在别人有难处的时候伸出援助之手。这个道理其实大家都懂得。最懂得这个道理的，是那些超级销售们。在他们绞尽脑汁为怎样赢得客户的心而努力的过程中，最常用的，也是最管用的方法就是帮助客户解决他力所不能及的问题。譬如，在某市，孩子们的升学问题是所有家长都面临的难题，幼升小、小升初、升大学都算在内。这个难题不是有钱就能解决的，甚至不是有权就能解决的，个中之复杂超乎一般人的想象。就有这样的一个大客户销售员，处心积虑地发展相关资源，帮助客户解决类似的难题，签了很多大单。你可能说：不是每个客户都有孩子升学吧？但你要是在这个城市你就会知道，客户可能没有，但是他的哥哥、姐姐、叔叔、阿姨、大姑、小舅子总有人要他帮忙。如果他能帮着解决了，那可是极值得自豪的。

第二条比第一条更重要。大家都明白第一个道理，但是很多做领导的实际上做得不好。为什么呢？一是他可能会通过他手中的权力帮助别人，二是可能通过手中的金钱帮助别人。就有这样的老板，别人买房缺钱，他借人家三五十万，别人买车缺钱，他给人家十万八万。可最后这些人还是一个个离他而去。因为你借人家钱，人家会感谢你，但不一定会感激你。尤其是在借人家钱的时候，可能会表现出“我很有钱，这点钱不算什么”的意思。结果虽然人家感谢了你，但是有一种被施舍的感觉。所以不会感激，更不会感恩，甚至钱都不一定还给你。

前面说过，人心换人心。只有你的用心才能换取人家的感恩。你给人家钱是一种付出，但是没有什么比心血的付出更能让别人感动、感激，甚至感恩的了。

说一个N年前的例子，也是销售方面的，以作参考。

一个很大的项目，客户方有一堆人。客户来访，领导招待领导，像项目经理这种级别的就只有客户经理接待。之后项目开始，卖方遇到了重重阻挠。一开始大家一头雾水，后来明白了，原来是那个项目经理从中作梗。而卖方太晚知道的一件事是：花钱的权力主要在项目经理手里而不是领导。没办法，领导就找当初接待项目经理的客户经理帮忙。客户经理没有马上行动，而是开始搜集各种信息。最后发现了一件事儿：这个项目经理虽然级别也不低，但是在他所在的单位，没有公车可用（那时还没有私家车，打两块钱一公里的出租车是很昂贵的），可是这个项目经理有一个患病的80岁老妈，每周四都要去医院检查开药。于是这件事儿成了项目经理的心病，每个星期都要想着怎样在单位里求别人借车用。客户经理知道此事之后，向公司申请每周四调一辆车用。周三晚上给项目经理打个电

话说："明天早上有一辆车会到您家楼下接您母亲去医院，管接管送。以后每周如此，直到您不需要了。"

三个星期之后，项目就签了合同。项目经理和客户经理成了莫逆之交。每每谈起此事，项目经理都欷歔不已，说："你真的不知道你为我解决了多大一个难题。况且，这事儿在我们单位知道的人都很少，你怎么就知道了呢？"

可能他知道这事儿对你来说不是难事，难的是你如此用心发现了他的难处。所以别人真正感激的，是你的用心。

比用心更好的，是真心。记得《三国演义》里"刘备摔阿斗"那一段吗？长坂坡，赵子龙为救阿斗，在百万曹军中杀了个七进七出，杀死曹营名将50余员。赵云冲破曹军围堵，追上刘备，交还其子。刘备接子，掷之于地，愠而骂之："为汝这孺子，几损我一员大将！"赵云抱起阿斗，连连泣拜："云虽肝脑涂地，不能报也。"

刘备摔孩子，是他爱惜赵云这员猛将的真情流露。换来的，是赵云的"肝脑涂地"。如果你非说刘备是做戏，那么为做这样一场戏，刘备也算是煞费苦心了。

不管是官场还是商场，有一种"恩"，叫作"知遇之恩"。说白了，就是你发现了某人在某些方面的才能，给他安排了恰当的工作（通常是提升），于是，你就变成了识"千里马"的伯乐，就对他有了"知遇之恩"。要是他知道你还是力排众议，对他破格提拔的，那就不仅仅是知遇之恩了，为你"肝脑涂地"的可能都是有的。

士为知己者死！

总裁的家庭作业

1. 在你的企业文化中，有没有把"感恩"作为一个重要内容？

2. 你作为老板，有没有对你的员工从心里感谢他们？还是认为你养活了他们？

3. 你做些什么才能让下属认为你是一个“有恩有义”的老板？

| 第七节 |

恩要会施

有很多做领导的，喜欢用一些小恩小惠拉拢部下，以期得到他们的真心拥戴。但是，效果往往不如人意，甚至南辕北辙。

首先，是上节曾提到的那个问题，把对别人的帮助变成了人家眼中的施舍。在对方看来，你对他的帮助只是顺手帮了个忙而已，甚至还可能认为，你帮他是有目的的，就是想让人家在你公司里多卖几天命。所以，人家在你这儿干，一多半是为了还你这个人情，而不是从心里感激你。

第二，恩惠施得不好，还会带来意想不到的负面影响。

某公司老大在年初跟销售总监说：“哥们儿今年再努把力，到年底要是完成了这个数，该奖励的一分不会少，我再给你单配一辆奥迪。”销售总监当真了，到年底任务也超额完成了。老板呢，没有像前面说过的某些人一样，而是一咬牙就给总监买了辆奥迪。于是，这哥们儿就有意无意地在公司里炫耀，其他人就不干了。为什么呢？大家的理由非常充分：销售任务的超额完成，绝不是他一个人的功劳。凭什么他比别人多拿一份？而且，老板的这个奖励，大家从来没听说过呀。于是，第二年大家就有意无意地跟这个总监较劲，结果没撑到第二年年底，总监就辞职了。老板不曾想到，结果是赔了奥迪又折兵。

为什么会这样呢？因为老板的额外奖励也是一种恩惠，带来了不公平。

有个老板很喜欢借给人家钱，或者干脆就“捐”给人家，倒是有点“仗义疏财”的样子。据他自己说，他曾经给过或者借过很多人钱。其中个别人倒也真的“感恩”，努力工作，反过来得到了老板的信任。这种“信任”（恐怕是最大的一种“恩惠”了）无节制地发展下去，直到在公司其他员工的眼里，这两个人成了老板的“干儿子”。虽然没有在公司里表现出多么飞扬跋扈，但是公司里的人对他们都敬而远之。最后呢？不只离老板而去，还在出去后调转枪口跟老板对着干，甚至对簿公堂。这又是何苦来哉！

所以，施恩这种事儿必须注意：一、在关键时刻；二、让人家感受到你的真心；三、点到为止；四、别急于回报；五、别到处宣扬。

“恩泽”应是一个“润物细无声”的过程。对于公司的每个人而言，最大的恩泽是公司发展得好，而且因为公司发展好为每个人带来了荣誉和物质上的收获；同时公司有一个健康的文化环境，让员工感觉到在这个企业里工作是有意义的，不是在浪费生命。所以，老板对员工，可以有很多手段和方法让他们感到你的恩泽，但最重要的是，要创造一种氛围，让大家在一个相互感恩的氛围中，把每一项工作都做得更加出色。

总裁的家庭作业

你有没有被员工“恩将仇报”的经历？如果有，你有没有认真地反思过自己做错了什么？怎样避免同样的事情发生？

| 第八节 |

“累并快乐着”

老刘当年在一家美国公司做销售经理。在该公司的北京代表处，没多少人，主要由销售人员和售前工程师组成。销售人员分部门，工程师在一个“池子”里。大家需要的时候，跟技术部经理要人，技术部经理根据你的业务需求派人。

然后你就发现，工程师们对跟哪个销售人员出差是有选择的。不管别人如何，老刘当时还是小刘，工程师们都挺愿意跟着我跑。为什么呢？因为他们跟着我到处跑见客户，说实话比跟一些较懒惰的销售要累得多，但我们在一起，不缺少的是快乐。

“累并快乐着”其实是大家都在寻找的一种状态。也是老板们需要倾尽全力为你的员工打造的一种环境。

前些天看微博，有人说“不给员工快乐等于犯罪”，并且给出数据：密歇根大学一项目研究表明，快乐的员工绩效比其他员工整体绩效高16%，且职业倦怠率比同事们低125%。而让员工真正感到快乐，至少需经营员工的三种感觉：一、归属感，良好人际沟通，信息充分分享的环境；二、安全感，衣食无忧，有决策和犯错的空间；三、成就感，需要激励，未来有方向。

先处理好心情，才能做好事情。人们最怕的不是辛苦，“不累”的活儿太少了，问题在于是否“心累”。这种“心累”指的不是工作本身需要的用心，而是工作之外的林林总总。每个身在职场的人，都会懂得。

没有人会不喜欢给予他们快乐的人。同理，如果人们总是在不快乐的集体里工作，他能喜欢那个集体的领导才怪。

怎样才会有一个快乐的环境呢？除了上边说的归属感、安全感和成就感之外，老刘认为，在公司里创造一种气氛同样重要。这种气氛同样可以用三个词形容：简单、开放、积极（simple, open, positive）。

如果展开来谈，这三个词恐怕可以单独成为一本管理学著作。

人们心累的第一个原因是，不愿意面对太复杂的东西，包括复杂的业务流程、复杂的组织结构，尤其是复杂的人际关系。既然如此，就尽可能把这些简单化，实在不能简单化的就程序化，不管多复杂，按程序走就是。

第二个原因是，最不愿意猜，尤其是猜别人的想法。为什么要猜呢？因为大家说话都说一半儿藏一半儿，或是故作高深，或是另有意图，总之就是叫你猜。这种不透明的氛围和习惯，大多和公司老大的习惯有关。所以，只要老大开放，公司的透明度就不会差。说实话，公司里除了人事、财务那些很具体的事儿，还有什么不能摆在桌面上谈的呢？

第三个原因就是，负面情绪，或者叫“负能量”。必须承认的一个事实是：负能量的传播能力比起正能量来要大得多。所谓“好事不出门，坏事传千里”，各种各样的负面情绪如失望、沮丧、委屈、无助、无望、怨恨、无聊、愤怒……就像瘟疫一样容易在人群中传播。而一旦一个公司被负面情绪所笼罩，每个人都会感到疲惫不堪，最终离开或倒下。

也许，真实情况没有老刘说得这么严重。很多公司，尤其是大公司，你如果问他们的员工，通常听到的就是满肚子的牢骚。可为什么他还没有离开呢？为什么公司还在增长呢？那是因为公司里正能量的作用仍然超过负能量。所以，企业的发展过程中，老大的一个长期而艰苦的任务就是，不断创造正能量消灭负能量。

如何创造正能量呢？可以说，在这本书里讲到的大部分内容都是用来创造正能量的。譬如，为企业设立愿景、制造梦想、传递激情、设定目标和战略、把企业价值观落到实处，等等。同时，管理上的诸多措施也是创造正能量不可缺少的，如行之有效的激励制度（包括惩罚），企业内部的“市场”机制，企业文化体系，等等。

除去这些，一个更重要的因素是，企业的老大在“简单、开放、积极”这三个方面是不是以身作则。因为你所发出的能量，不管是正的还是负的，都是企业中最容易对员工产生影响的。你的“简单、开放、积极”会赢得很多人。忽然想起老刘当年在微软中国做 OEM 部总监的时候，曾经给自己的团队写了八个字的团队精神：健康、快乐、合作、高效。至今想来，这八个字还真是起到过不小的作用。

总裁的家庭作业

1. 你自己是一个“简单、开放、积极”的人吗?
2. 公司里有哪些负能量在传播? 你知道根源吗?
3. 你的员工快乐吗? 他们为什么不快乐? 他们有“归属感、安全感和成就感”吗?

| 第九节 |
心灵激励：认同与赞赏

老板们常犯的错误是，一想到激励就想到钱，似乎只有多发钱才能激励士气。稍微好一些的，是发奖状。

不错，企业是经济动物，员工和企业的关系本质上是一种商业关系。所以说，没有钱是万万不能的，但钱也不是万能的。

老刘跟人家讲课，常常说到这样一种情况：对于一个大学毕业两年的最底层的员工来说，如果因为他表现得好，你发给他两万元奖金。他会很高兴，也会很感谢。但当这两万元花光了，他也就忘了。可如果你作为一个数百人甚至数千人的公司的总裁，在办公室里溜达的时候，不经意间去拍拍那个年轻人的肩膀，说一句：“小伙子，知道你干得很棒，继续努力！”这个年轻人会“受宠若惊”，那种被激励的感觉可能会持续几个月甚至更长。如果这个小伙子真的很突出，你在某个公开场合让他站起来说几句话，他可能为此回忆两年。你也从年轻的时候过来，有没有过这样的经历和体会?

“千金未是恩。”明人潘纬说。

一本叫作《1001 种激励员工的方法》的书，引用了玫琳凯化妆品公司奠基人玫琳凯·艾施的一句话，我非常赞同：“人们有两样比爱情和金钱更需要的东西——获得认同和赞誉。”薪水是你给雇员的回报，而认同则是对他们超出职责范围所做出的努力的一种赞扬。

书中的统计表明：

·68% 的受访者说，相信他们的工作将得到别人的赞赏，这对他们来说很重要。

·63% 的受访者赞同大多数人都希望看到他们的工作得到更多认同的说法。

·67% 的受访者赞同大多数人需要对他们的工作加以赞赏的说法。

书中还给出了对于认同的指导原则：

原则一：强调成功而不是失败。如果你忙于寻找消极的东西，你就容易失去积极的东西。

原则二：对员工的认同和奖励要公开进行，并要做好宣传。如果不公开进行，认同就会失去作用，达不到认同和奖励的目的。

原则三：领导要亲自做出认同，并且要态度诚恳，要避免华而不实或做过了头。

原则四：你对员工的认同和奖励，要从员工的特殊需求出发。你可以提出多种可供选择的认同和奖励办法，以便管理人员在特定的场合，选取适合个别员工需求的适当方法对他们的成就做出认同。

原则五：选择时机是关键。要有计划地对员工所做出的贡献加以认同，要在员工们将要取得成就前进行奖励。对大多数的奖励而言，奖励时间的滞后会减弱效果。

原则六：设法将取得的成绩同奖励清晰地、毫不含糊地、紧密地联系起来，要使人明白他为什么获奖以及给予奖励的标准是什么。

原则七：对“认同”进行认同，就是对那些给予他人（为公司做出贡献的员工）认同的人进行认同。

书中还给出了若干激励方式可供参考：

· 把员工叫到你的办公室来，向他表示谢意而不谈别的事情。

· 将感谢信贴到员工办公室的门上。

· 当你发表对一个人的评价时，一个好的人格化的方式就是称呼他的名字。告诉他，为什么他的行为（结果）对你如此重要。

· 当你从员工的办公桌旁经过或在过道里碰到他们时，同他们打招呼并称呼他们的名字。

· 专门为那些从事不引人注目工作的员工设立“幕后奖”。

· 用员工的名字命名一个地方，并在该处设立一个标志（如苏西·琼斯走廊）。

· 让获奖的员工向来访的公司行政人员介绍情况。

· 邀请员工到家里做客。

· 将员工的事迹写成文章刊登在公司的通讯上。

· 认同（并感谢）那些给予别人认同的人。要让员工们清楚，将每一个人造就成英雄是你所在部门的一条重要原则。

说了这么多，并不是说钱没有用。钱还是很有用的，关键是怎么个用法。设立一个“老大基金”（董事长基金、CEO基金、总裁基金），数额不一定大，但是由你自己支配，奖励给那些你认为需要奖励的人，也是一种很好的方式。

总裁的家庭作业

1. 每周尝试用一种非金钱的激励方式激励员工，观察激励结果并不断改进。
2. 把非物质激励的体会和经验与你的下属经理们共享。
3. 想想怎样让自己形成欣赏和激励别人的习惯。
4. 检讨奖金的发放有什么可以改进和提高的空间。

03

完善自我

| 第一节 |

少“工作”，多思考

跟一个老总聊天，聊起“从领导到领袖”的话题。老总问：“我该从哪儿开始做起呢？”老刘说：“先从减少你的工作做起。”

我们的企业领导们，几乎每一个都是“超人”，恨不得每时每刻都在工作。你约他吃饭，一顿饭要接N个电话，搞得大家食欲全无；你约他去打球，他就站在果岭旁边接电话，经常一接就10分钟，伙伴们十分无奈，后边赶上来的球友骂娘。这还算好的，有的人甚至吃了一半或打了一半，就跟大家拱手抱歉说实在对不起，公司有事儿，我早走一步。那叫一个扫兴啊！

企业领导管了多少不该他管的事儿，在这一节里我们不细说。这里想说的是，你有没有这样一种意识：作为企业的老大，你的真正任务不是亲自做了多少，而是脑袋里想了多少。

一般来说，企业里的事，除了重大问题决策、重要客户拜访、重要关系协调、重要场合露面、重大突发事件解决这几件事儿之外，其他事是不该老大亲力亲为的。因为其他事儿别人都可以做，甚至比老大做得更好，因为他们多数都是自己专业的专家。但唯独一件事是别人做不了，而必须由老大来做的，那就是思考。思考什么呢？我想，大致包括但不限于这样一些问题：

· 面对市场的变化公司应该如何应对？

· 下一步的目标应该是什么?

· 采取什么样的战略才能超越竞争对手?

· 达成上述目标和战略需要什么样的人才，如何得到?

· 达成上述目标和战略需要什么样的合作伙伴，如何得到?

· 业务怎样布局才能使公司的收入最大化?

· 公司发展的外部环境如何改善?

· 怎样调整组织架构以适应战略需求?

· 怎样建立和推进积极的企业文化?

· 公司有哪些重大隐患，如何防止?

…………

手机扫描二维码后，输入“ZCLB03”，你将看到一篇由医学分类学说的启示想到企业管理“榨”“养”之道的文章。

为什么说这些问题别人不能代替呢？一、公司里没有人比你更了解这个企业；二、公司里没有人像你一样关心公司的未来；三、公司里没有人能站在你的高度来高瞻远瞩；四、公司里没有人能像你一样调动资源。

我们经常会看到这样的场景：在会议上讨论到公司某些重大问题，如主营业务转型时，老大就会指着某部门总监说：“你们出个方案吧。”部门总监出了方案，老大把副总们叫过来讨论，大家各抒已见，无法统一。于是第二次讨论，第三次，第四次……半年之后也没有结果。参加讨论的人筋疲力尽，已经兴趣索然，背地里对老大满腹埋怨。依老刘看来，这样的问题原本就该是老大自己深思熟虑之后提出思路，让下边人变成实施计划，之后就是执行的事儿。怎么可以让他们出方案呢？

老大们一方面是可能没有意识到，他们如果作为领袖就必须有这样的“职责”；另一方面是老大虽然知道，但因为自己也没有思路所以就选择了逃避；还有一种情况就是，他每天都埋头在日常业务之中，没有时间也没精力去思考大事。

不知道你有没有这样的体会：如果你在细节业务中浸淫的时间长了，会很难跳出那些细节的框框，无法站在更高的角度来看问题，这是一种。另外一种是你会不会经常在旅途中，譬如飞机上或火车上，或闲暇甚至如厕的时候，想出很多好主意？我知道很多人是这样，老刘也是这样。

公司的老大，需要有比公司任何人都强的创造力、大局观和长远打算。因此，你首先必须把自己从公司日常运作的细节中脱离出来。站在外边看，站在高处看，才能看得更清楚，想得更明白。这就是为什么大公司需要有董事长、首席执行官、总裁，还有首席运营官。他们是有分工的。一般来说，董事长是应该超脱在公司管理之外的。

好吧，你也许会说，如果我既是董事长又是 CEO（首席执行官），或者董事长兼总裁，我该怎么做呢？老刘的看法是一样的：你首先要做的仍然是上述那些问题的思考。因为没有那些思考，以及通过思考得出的对公司业务的把控和指导，你所干的和你的员工们所干的，虽然不能说是瞎干，也一定是事倍功半的。

也许，是到了考虑“少做事、多想事”的时候了。真的，你可能需要强迫自己，每天给自己一个小时独处的时间。在这段时间里，你不见客户、不和员工谈话、不跟任何人谈工作、不看邮件……你可以读书，可以听音乐，可以写写字，可以到街旁的小公园看孩子们游戏，也可以一个人去散步。总之，离开你的工作环境，在一个相对轻松安静的环境中思考，未必全在思考你的业务，也可以想一想人生，想一想这个世界，想一想历史，或许你能在这个时候成为一个诗人也说不定。所有这一切，千万不要以为是浪费时间，人之境界的升华往往就在这些不经意的思考之中。

真正做领袖的不一定是工作狂。2009年初，联想集团因为前一阶段的业绩下滑，公司出现亏损，柳传志先生重新出山担任联想集团董事长。老刘和柳总同为一个高尔夫俱乐部的会员，就在柳先生重挑重担不久，我俩在球场上相遇。我当时还真有点惊讶，问柳总："您不是前不久才重任董事长吗？还有时间来打球？"老柳笑呵呵地说："要是干工作干得没时间打球那就不对啦。"顺便说一句：我见柳总打球，几乎每次都是和夫人一起。这一点真的让老刘十分敬佩！

手机扫描二维码后，输入"ZCLB04"，你将看到老刘录制的一个关于如何高效办公的视频，能帮助老大快速有效地做到"少工作"和提升下属的工作效率。

老刘在微软工作的时候，公司的风格非常的"鲍尔默"，意思是激情、直接、敬业。史蒂夫·鲍尔默在比尔·盖茨退居二线之后，担当起微软领袖的角色。当时作为CEO的他，在我们这些员工眼里基本上就是一个疯子。第一次跟他开会，是在1999年2月初。他满世界飞，为每个国家的微软分支做"年中总结"（就是微软著名的Mid-Year Review，因为微软的财年是从每一年的7月1日开始，到次年的6月30日结束，因此Mid-Year Review就安排在1月份，有时到2月初）。这哥们儿早上9点到下午1点听香港区汇报，中午半小时吃快餐，1点半到晚上6点听台湾区汇报，晚上9点到凌晨2点听大陆区汇报，第二天一早飞走。据说，这哥们儿昨天晚上从韩国飞过来，半夜到北京，早上8点钟以前还在北京的街上跑步3000米！你说他是不是疯子？

就是这样一个工作狂、一个疯子，却每周都要抽时间接送孩子上学。2005年的一篇报道说：由于萨班斯法案的影响，微软的高管包括鲍尔默在内，都不能得到免费的X-Box 360游戏机，所以鲍尔默先生就得自己跑去零售店，给自己的孩子买这款游戏机。

这就是老刘要说的另一个方面：没有生活的人只能变成工作机器，而变不成领袖。因为他自己首先就是一个不完整的人。领袖不必是完人，但一定要是一个完整的人。

很多做老大的人，其人生是不完整的，生活也是不完整的。他甚至不能理解为什么有些员工就是不愿意加班，不能理解为什么不能让所有员工像他一样敬业，为什么会有人为了报销晚了几天而抱怨，为什么会有人上班迟到，甚至不理解在这么好的公司（他自己认为）为什么还会有人跳槽。所有的一切都是因为他只是“工作”在他在自己的世界里。在这个世界里，只有会议、谈话、数字、单子、客户、伙伴……而完全没有普通人应该有的“生活”。甚至说他们“与世隔绝”也不为过。且不说这样的生活有多大意义，这种隔离实际上对于管理也是大敌，因为你无法理解你的部下、你的员工。就算你想“换位思考”去理解他们，也无从做起。

从另外一个角度讲：如果你家里有幼儿园的小朋友、小学生或中学生，那么你一定不要以工作繁忙这样的理由失去和他们共处的时间。于私，如果在他们小的时候你不付出足够的时间和他们相处，等他们长大你一定会追悔莫及。相信每一个过来人都有此体会。于公，家庭的和谐是事业的保障。后方稳定，前方才能放开手脚。或许，你在看到孩子们的笑脸时心里想着他们的未来，所以工作变得更加努力。

如果你有爱好，不管是有关音乐、美术、体育、旅游还是其他，只要是健康的，最好不要丢掉。

说了这么多，就是一个要点：调整自己的节奏。几乎每一个积极上进的企业老大，整天都像陀螺一样转个不停。你在他们身上看到的，永远是匆匆忙忙；你在他们脸上看到的，永远是紧张和疲惫。我曾对一位老大说：“其实你的微笑很好看的，为什么在你脸上很少看到呢？”

调整节奏的目的，是为了给自己腾出更多时间思考，给自己更多好心情思考，给自己更加超脱的位置和境界思考，也给自己更加良好的身体状态思考。

好吧，从现在开始，重新制定你的作息时间表。

总裁的家庭作业

1. 每周拿出半天丢开你的工作，或去打球，或去钓鱼，或去看戏，不要接业务的电话，你看看会发生什么？
2. 每年安排两个星期以上的休假，休假期间不处理任何业务，你看看会发生什么？
3. 每周安排几次和家人在一起。
4. 列出你应该思考的问题，尤其是关乎公司一年以后、三年以后、五年以后的问题，然后去思考。

| 第二节 |
读书吧

腹有诗书气自华。在这儿讲“为什么要读书”只会让人笑话。但对于读书，尤其是企业领导的读书，老刘有一些见解可能跟很多人的看法不同。

首先是读什么书。

讨论读什么书要看读书的是什么人。我们这里讨论的，是世界上最忙最累的那些人。前面的一节花了很多口舌苦口婆心地劝你把“工作”放下，给自己留出时间思考。这对你来说恐怕已是不可能完成的任务了，况且还要腾出时间来读书呢。对于一个成长型企业的老大来说，能够完整地读一本 500

页的书实在是一件很难很难的事！

经常会看到一些成功人士，给一些不那么成功的人士开列书单。开列的那些书单之中，老刘也许是以小人之心度君子之腹，反正老刘怀疑那些“成功”人士是否真正自己读过或认真读过。如果真的读过了，你必定是那个领域的专家，至少是半个专家。

老大读书不是要做专家的。至少不是第一目的，顺便做了专家也有可能。老大的读书，可以总结出若干不同的目的。譬如，深入了解自己所从事的领域（和业务相关的市场、技术等书籍），提高自身的世界观深度（哲学、社会学相关），提高自己的修养（文学艺术相关），与时俱进、与社会同步（畅销书一类），休息、换脑筋（娱乐），等等。

如果你真的能够做出这样目的明确的读书计划最好，但大部分人是做不到的。因此老刘的建议是：你不必非要有目的，对于你来说，读书的关键是“读”，而不是读什么。

有过足够社会实践和经历，尤其是经过人生坎坷、事业起伏的人，可以说不管什么书，他都能够得到启示和启发。

我说“读书不必有目的”是想强调，读书必须是一个愉悦的过程，而不应像小学生完成作业那样痛苦。如果是那样，只会让企业领导们增加了额外的负担，能够真正从书中得到的东西也会十分有限。其实，就算是你有目的地去学习，也一定要自己喜欢它。这样才不会浪费您十分宝贵的时间。

所以，让自己的身边有书，不管是什么书，有空就拿起来读几页吧。你在读的其实不是书，而是书里的心情和在书里看到的自己、旁人、公司、社会、过去和未来。不必再强调说读书和思考结合起来，如果你不能做到这一点，说明你离做领袖还差得很远。

其次是怎么读。

读书的时间，曾经有“三上”之说，也就是“马上、枕上、厕上”。据说养生学家不提倡如厕的时候读书，对身体有害。剩下的就是“马上”和“枕上”。其实生活中，多数人是在旅途中读书的。这一点，可能老外做得更好，经常在飞机场、飞机上看到老外捧着本书看。这是个很好的习惯。

“博览群书、不求甚解”曾经是被人推崇的一种“境界”。其实读书是否“甚解”，也就是说你对书的理解有多深，往往不在于你花多少时间看得多细，而是在于你的人生阅历和你的悟性。就如同读小说一样，普通人在小说中读出来的是故事，而领袖从小说中读出来的是哲学、社会、历史、当今。如果你能把一本书认真读下来最好，如果不成，不必强求，你可以读十页八页，可以读三章两章，也可以从书的任何一段开始，到任何地方结束。

其实，从另外一个角度讲，除了经典之外，如今的新书大多数也不值得从头读到尾，因为很多书里废话连篇。要么是东拼西凑，把古人的、老外的故事堆砌在一起，讲一番似是而非的道理；要么就是自吹自擂，把自己的经历像描写一个历史领袖一样，讲的故事恐怕他自己都不敢完全相信，还要人家“复制”。所以不少书，尤其是“畅销书”，您大概只需要看前30页，甚至前10页，就可以把它们扔进垃圾桶了（咱这本书会怎么样呢？好奇）。

现在科技发达，纸质书正在逐渐被电子书替代。如今手机、Pad、电脑上都可以随时读书，需要的只是你养成读书的好习惯。

另一类阅读有点风险，就是通过社交网络。实际上，现在的微博和微信上有大量的“浓缩书”。因为字数的限制，很多人把一些精华的东西拿出来和网友们分享。这些分享的内容良莠不齐。但不能不承认，其中很多内容是非常有价值的。之所以说有点风险，如果你因此沉湎于社交中的其他，就得不偿失了。但是，老刘相信，能够做企业老大的，都有相当好的自制力。

总裁的家庭作业

1. 在床头、卫生间和公文包里放上几本书，随时翻看。

2. 有空逛逛书店或上网搜一搜，选择那些题目和内容简介能吸引你的作品，买来读。

3. 给自己定一个可以实现的目标，每年读几本。

| 第三节 |
与高人为伍

能够带领一个企业发展到一定程度的企业家，某方面一定有过人之处。所以，你自己本身就是社会的“高人”阶层。但是俗话说得好：“强中更有强中手”“山外青山楼外楼”。如果你想“更上一层楼”，就得跟“楼上”的人打交道。

那么，什么人是“高人”呢？

官儿大的不一定是高人，因为你不知道他是凭了什么当上的官和怎么爬上去的；有钱的不一定是高人，因为你不知道他的钱是怎么挣来的；大学里当教授的不一定是高人，因为他们可能真的很有学问，但如果仅仅是有学问还算不上高人。

然而，能当大官儿的如果不是官二代，那一定有他的过人之处；能挣大钱的如果不是富二代，那一定有他的致富历程；做学问的，能做到教授也不是那么简单，关键点的问题是，他除了学问之外有没有独到的“识”。

老刘认为，对这个世界有着独到认识且能够使别人受益的，才算高人。在官场里也好，在商场里也罢，甚至在民间市井，都有高人存在。他们或许就在你的身边，只是你忽略了他们。一般来说，这些人具备以下特征中的一种或几种。

第一种，在事业和生活中有过大起大落的人。也就是说，饱尝过人世间的苦辣酸辛，也尝到过成功的滋味。不管他今天是在成功，还是在失败的节点上，都值得你去接近和学习。我们读小说、名人传记、纪实文学，实际上就是在阅读别人成功和失败的历程。但任何书籍和文字都不能替代，也不能比肩有这样经历的人跟你面对面地交流。如果有了这样的经历或正在经历且还在低谷的那些人，按照世俗的观点不能称他们为“高人”的话，那些在世俗眼光中经历过风风雨雨取得了成功的一定属于“高人”之一。

第二种，那些“悟性”超乎旁人的人。什么叫作“悟性”？就是对世界上事物的理解。说某一个人悟性高，通常是说这个人对事务的理解比别人“高”“深”“远”。所谓“高”，就是能够站在更高的角度来看待和分析问题。在你看来或许是天塌下来的事，在他看不过是小事一桩，因为他把这个事儿放在了一个更大的“世界”里。所谓“深”，就是他能够更快地发现藏在事务表象背后的东西，还善于剥茧抽丝，把“背后的背后”甚至“背后的背后的背后”的东西挖出来。所谓“远”，就是对这个事所产生的影响比一般人看得远和想得远。

其实，单单谈“悟性”恐怕有点虚无。悟性的来源无非是知识、经验和勤奋的思考。高人之所以是高人，恰恰就是在“勤奋的思考”上比别人多下了些功夫，所以就表现出超人的“悟性”。

第三种，老刘管他们叫“外人”。你可以理解为他们是“世外之人”或“事外之人”。总之，他的“小世界”跟你的“小世界”基本不搭，他看事物完全是超脱的。并不是说因为“当局者迷，旁观者清”才把他们拉进来充数。这些人，因为他不在你的世界中，但能看到你的世界中发生的一切，他又善于思考，写了若干专著什么的也说不定，与他们交流一定会使你受益匪浅。

第四种，就是“专家”一类。在老刘上中学的时候，一个老师曾经给我讲的一句话：一个真正的“专家”不是能够回答他行业里的所有问题，而是对于所有问题他都知道找谁问。从这个意义上说，很多人，他们或是在你身边，或是你的属下，或是你的客户，或是你的合作伙伴。只要在你需要的范围内，在他所从事的专业上是个“牛人”，那么他就是专业上的高人。术业有专攻。做领袖者，除了对如何做好领袖这件事儿必须念念在兹之外，大可不必样样都比别人强。只要你在需要的时候知道找谁来学习就可以了。

除了“专业高人”之外，与高人为伍，更多的是学习他们看问题的方法、高度、深度和独特的角度，而不是学习多少知识。不少公司请战略顾问、管理顾问甚至总裁教练的，就应该把这作为重点。

可是对于一个企业的老大来说，能够通过雇用“总裁教练”或“企业顾问”来提高自己，实在是一件很难的事情，但做好了就会事半功倍。

关键是你自己的态度。

曾经有一本书，叫作《态度决定一切》，说得有点绝对。但做任何事，态度的确十分重要。如果说有时候态度不能完全决定成败的话，那么态度一定能决定你的成功打多大折扣，或者改变你失败的速度。

与高人为伍，最重要的态度是什么？谦卑。对于在市场上已经获得一些成功的企业家来说，尤其是年轻的企业家，什么心都容易找，最难找的恐怕就是“谦卑”之心了。

搜狐董事局主席张朝阳曾在接受媒体采访时用“有钱又有名的第一人”来形容自己。他认为，自己有钱，而且是阳光财富，又受过良好的教育，处于新兴产业，是将互联网带进中国的第一人，受到大量的媒体吹捧，滋生了虚荣和自我的膨胀。“表面上我还很谦和，但实际上我非常的傲慢”（2013年，杨澜专访张朝阳）。

内心的傲慢并不是只有张朝阳这种成功人士有，那些看起来还不怎么成功的企业老大也不同程度地在内心傲慢着。

一个做企业顾问的朋友告诉老刘，说他的雇主，也就是企业的老大对他还是很尊敬的。但这位老大从没主动找过他，下边的副总裁们对他的顾问工作都觉得很好，也都期望老板能够听听。于是就安排老板和顾问见面，两人倒是相谈甚欢，一直谈了5个小时，顾问在之前对于公司的一些事情也是“如鲠在喉”，这一下子就如同“竹筒倒豆子”，泄了个痛快。老板呢？对他的意见和建议也是频频点头称是，极其赞同。这哥们儿于是就以为他的价值得到了认可，屁颠儿屁颠儿地回去跟副总们说，老大听了意见，工作会有改观。

可这哥们儿没有想到，之后一切归于平静，什么都没有发生。它所期待的改观根本没有出现。他终于明白，人家在跟他谈话的时候，根本就没把他的话往心里去。

是什么原因不得而知。依老刘看来，这就是老大内心的一种傲慢在作怪。实际上，他是承认顾问先生说的话是有道理的，但他的内心深处在抗拒：我是老大，为什么要听你的？

人骄傲起来很容易，谦卑起来很难。嘴上的谦卑很容易，内心里的谦卑很难。

如果你总是一副牛哄哄的模样，就没有哪个真正的高人愿意和你分享。就算你表面上是谦卑的，可内心谁都看不上，就像案例中的老大一样，最多也就是“一锤子买卖”而已。因为没有哪个高人会上第二次当，否则也就不是高人了。

总裁的家庭作业

1. 打开你手机的电话本，看看里面有没有本节所说的高人，然后想想怎样从这些高人那里得到“干货”。
2. 放下你那颗傲慢的心，时刻告诫自己：我算个啥？
3. 在工作和生活中发现高人，并跟他们做朋友。

| 第四节 |

在聆听中提高自己

做老大的，大多喜欢讲，不喜欢听。不喜欢听的原因，可能是因为他没有足够的时间，也可能是他认为别人的话没自己高明。从根本上，他可能觉得没必要听别人说什么。

在上一章中，我们说过老大要“善于聆听”，从聆听中了解对方并获得信任，要听实话，要听苦话，要听骂话。

其实，善于聆听的好处还不止这些，其中之一便是从聆听中学习。

在所有的销售课程中，教练们都会讲到在销售去见客户的过程中一定不要只顾自己说，一定要听客户说什么，甚至硬性要求销售说话的时间不得超过40%。为什么这样呢？有两个目的：其一，通过聆听了解客户的真正需求，因为只有需求了解得准确和足够深，销售才能推荐给客户正确的产品和服务；其二，一定要通过聆听，深入了解客户本身的业务，尤其是对行业客户和企业客户。每一行每一个企业都有自己的业务特点，人家在这一行干了多年，而你可能是刚接触不久，如果你不能深入了解，就和客户没有真正的“共同语言”，没办法理解客户为什么要这样和为什么要那样，就没办法和客户建立深层次的关系，没办法成为客户领域的专家，你的销售能力也十分有限。

作为企业的老板，有些人独立思考能力很强，有些人不那么强。你一定见过这样的老板：开会讨论的时候，他总是在听大家的意见，他总是指着参会人：“你说说……你说说……”他自己则在不停地记录，到会议结束时，可能他也没说几句话，但最后他会告诉大家，这个会议的结论是一二三四五，听起来就像是他自己想出来的一样，可其实都是大家刚才说过的。这是独立思考能力不强，但是聪明的老板。因为他知道怎样从别人那里吸取有用的东西。

还有一些老板，开会的时候跟上述的老板一样，一直在听大家的意见。但会议结束后的总结，老板给出的结论一二三四五却跟大家的讨论风马牛不相及，但往往证明老板是正确的。这是独立思考能力很强又聪明的老板。因为他知道怎样用别人的观点，来证明自己的观点正确。别人的观点他并不是没有听，也并不是没有想，更不是没有吸收，只不过是用来强化自己的观点罢了。

然而，你见过的老板中，一定是“一言堂”的老板最多。不管是开会还是谈话，就听他一个人在那里絮絮叨叨，一会儿慷慨激昂，一会儿慢条斯理，别人插话的机会他都不给，从头讲到尾。这样的老板往往是有思想的，不但有思想，而且多数口才很好。讲话对他来说是一种爱好，是一种享受。尤其是看着很多人毕恭毕敬听他讲话时，更是一种享受。

但是，他不会算账。因为他只有输出，而没有输入，所以他吃了大亏。因为没有输入，所以他的那些话讲过了一段时间之后别人就嫌烦了，就不愿意听了。所得到的效果，往往和他的期望背道而驰。

不知道有没有人统计过，人类见识的增长有多少是通过聆听来完成的。古话说：“听君一席话，胜读十年书。”足见聆听的效率有多高！

事实上，很多时候听人讲的效率，更高一些。这样的体会，相信大家都有。老刘刚入道的时候，做销售，很多技术问题不懂，又忙，没时间念书，咋办呢？就抽空给懂的人打电话或请人家喝茶吃饭，发现很快就了解了很多。虽然不那么系统，但至少比念书快。

更重要的是，很多东西书本里读不到。如果每一件事都能在书本里获得答案，估计就没有人再写新书了。生活、工作、事业上的各种感悟，经常是在谈话的过程中碰撞出来的火花。这种火花有时候威力巨大，可能会使你一下子上了一层楼，甚至改变你的人生，就像是佛祖点化一样。从某种意义上说，芸芸众生，人人皆可为佛，只要他能够感悟人生。

当然，聆听不是叫你什么都听，耳朵根子太软是要不得的。从学习提高的角度来说，怎样在聆听中发现和领悟那些能够启发你的东西是一种能力。“去粗取精、去伪存真、由此及彼、由表及里”地攫取、记忆、分析、升华你听到的，才能把聆听的价值发挥到最大。

总裁的家庭作业

1. 听大人物做报告，分析他们看问题的角度和方法。

2. 听下属发表他们的见解，从中获取有用的启发。

3. 把听到的重要内容记下来。

| 第五节 |

在“教”中学习

前面我们说到，如果你要树立领袖形象，建立威信，你就要善于做导师。在做导师的同时，也是你学习提高的好机会。

没有做过讲师的人，对在台上演讲没有什么体会。事实上，演讲者们最精彩的部分，常常是在现场“发挥”出来的！

“好为人师”是人类的“通病”之一，不是说所有人，但大部分人是这样。这并非坏事，因为人类的知识和思想就是通过这种方式，来与大家分享和共享的。做公司老大的，在不自觉中就会变成别人的讲师或导师。

在教导别人的时候，尤其是面对很多人的时候，他的大脑会是转得最快和最勤奋劳动的时候。因为潜意识里，他会担心自己讲得不对或不好，让台下的人看不起，他的精力就会非常地集中，同时思维的活跃度也最高，经常能够冒出平常想不到的观点。有些东西甚至会“稍纵即逝”，在演讲之后又想不起来了。

所以“教”的过程，不单是一个系统化整理自己思路的过程，也是一个激发创造力，自己能够在认识上提高的过程。把握好这样的机会，也是自我修炼的一种。

总裁的家庭作业

1. 经常去做一些演讲，不管是企业内部还是企业外部。不要让别人写演讲稿，自己写。看看每一次演讲中你能迸发出什么样的“心灵火花”。
2. 在做“师傅”或导师的过程中，亲自准备给你的学生或徒弟讲授的内容，这个准备的过程也是你自己提高的过程。

| 第六节 |
“在纸上思考”

老刘当年加入微软，头一回去美国参加会议，就被美国的年轻人“震”了一下。那是 1999 年，现在已经非常普及的 PPT（PowerPoint）在那个时候还不是谁都能用得好。到了美国开会，其中一大段属于“脑力激荡”（Brain Storming），也就是大家围绕一个专题，分成小组讨论。这是美国人很喜欢的一种会议（可惜我们的企业里很少），也很擅长。说白了，就是集思广益。

讨论开始了，我所在的小组有两个刚毕业的美国大学生（是不是实习生不记得了）。他们因为资历尚浅，所以主要是在听我们的发言和争论。他们打开笔记本电脑，一边听一边记。一开始我还没有注意到什么，可当主持人要求每一个小组上台讲的时候，我被震惊了。因为我们听起来杂乱无章、鸡一嘴鸭一嘴的讨论，竟然在瞬间被两个年轻人整理出几页条理清晰甚至还有些美化的 PPT！

对于公司的老大来说，动笔这件事儿常常是两个极端，一种是擅长的，喜欢自己写东西而不是假手于秘书；另外一种是不擅长的，除了回复少数的邮件之外，很少看见他在键盘上敲字。

老刘最终发现，那些嘴上号称“不擅长写东西”的人，大多数是因为不擅长思考。“不擅长写”成了“不擅长想”的托词和掩饰。

写一篇文章或者 PPT 的要点，其实不在写本身，而在于你脑子里是不是有这些东西。就像老刘写这本书一样，如果时间充裕，我可以一天写出 15000 字，因为内容就在我脑子里，只是需要做点体力劳动把他们敲出来罢了。当然，实际上还不是那么简单，因为写的过程也是一个激发思考的过程。如果你没有这样的思考能力，就更需要去写。

一个公司就是一本书，一个业务就是一个 PPT，在你老大的脑子里，它们必须是立体的！

写东西更重要的一点，是自己对自己的审视。有一位网友说得好：对于再聪明的人，在脑子里把好的想法变成一个相对完善的想法也是不容易的。因为你在脑子里很难去检查你的想法中存在的各种各样的漏洞和需要解决的问题。但是，如果你把他写下来就不同了。你可以一遍又一遍地审视你的想法，一遍又一遍地补充和完善你的想法。那么，你在纸上完善想法的速度就会更快，质量就会更高。

这种“更快、更高”的过程就是内在修炼的过程。

当你的思考能力达到足够的高度，也许就真的不再需要亲自“动笔”了。那个时候，你所说的话自然会有人记录下来，形成“×××思想”“×××语录”传给后人。

总裁的家庭作业

1. 如果你是一个不善动笔的人，要强迫自己每个月至少写一两篇千字文，内容可以是对公司发展的感悟，对市场的看法，对管理上的心得，对未来思考的总结，等等。这些短文除了可以帮助你思考之外，还可以用于企业内部员工的分享、教育，也可以用于外部的媒体和公共场合的演讲，从而提高公司和你本人在业界的声望。
2. 改变出去做演讲让下属写稿子的习惯。至少你应该给出他们思路和框架，下属可以帮助你查找资料、补充细节、美化 PPT，但核心思想必须是自己的。

| 第七节 |

在失败和成功中修炼

前面讲到的思、读、听、讲、写都能够使一个人不断地完善自己。但对于要做领袖的人来说，最有效、最深刻、最快，也最全面地完善自己的方法是通过失败。

有人说过：领袖是“熬”出来的。

何为“熬”？您一定知道粥是怎么熬出来的吧？设想米粒是个有生命有思想的生物，或者你就是那一粒米，那么你就可以想象，从生米到熟米再到粥这样一个完整的“熬”的过程。

你想获得多大的成功，上天就会给你多大的磨难。别人成功路上遇到多少困难，你一个也不会少。别想绕过去。所以，有人就发明了一个词儿，叫“逆商”。对别人来说，逆商或许不那么重要，因为别人可以逃避，但是唯独你不行。你不但不能逃，而且要迎刃而上；不但要迎刃而上，而且要面带微笑。

如果说前面的思、读、听、讲、写是在努力培养一种领袖气质的话，那么逆境中的磨炼则是在培养领袖们所必需的精神：坚忍不拔。

不用担心没有这样的机会，你已有过，而且更大的困难还在前面等着。如果哪天你像乔布斯一样被股东或董事会炒了鱿鱼，还会像他那样昂首阔步地回来并把公司带到世界巅峰吗？

是的，你最大的"困难"也许是你的成功，是你自认为或别人强加给你的"成功"，就像前面说到的张朝阳。被失败打倒的人注定做不成领袖，被成功打倒的人同样做不成领袖。在领袖的字典里，压根儿就没有"成功"这两个字，因为在他们心里，只有下一个目标。你需要时刻告诫自己：我离成功还远着呢！

熬得过失败的不一定能成为领袖，但是熬得过成功的一定能成为领袖。

总裁的家庭作业

1. 回想一下你自己在最困难的时候是怎么挺过来的，从中你得到了什么？
2. 公司做到今天这个份儿上，你觉得自己算成功，还是不算？为什么？
3. 公司下一个坎儿在哪儿？你打算怎样度过？

04

传递激情

| 第一节 |

激情是领导力的核心

一个企业请老刘去讲课，人事总监预先跟老刘沟通。说了一大堆企业面临的问题，最后集中到一点：企业的老大好像失去了目标，没有激情了。于是，这个有4000人、年营业额10个亿的企业，失去了发展的目标和创新的能力，而这位老大才不过40多岁。

老刘说，好吧，先解决老大的问题再说，不然讲课也是白讲。

老刘给人家讲课，自己仿照迈克尔·波特（Michael Porter）竞争力“五力模型”创造了一个领导力“五力模型”。这五个“力”分别为：“激情持久力”“影响力”“凝聚力”“战略力”“执行力”。

其中，激情持久力包括：

- 对所从事事业的真诚热爱
- 对未来的热情期待，渴望成功
- 不断提高的新奋斗目标
- 对新事物永远保持高度敏感
- 持续不断地学习
- 百折不挠，永远积极向上的心态
- 为每一个进展兴奋
- 为每一个创新疯狂

影响力包括：

· 思想领导力

· 对行业的影响力（游戏规则、创新）

· 对政府的影响力（政策、法规、规范、标准）

· 对产业生态的影响力（产业链、合作伙伴）

· 对股东的影响力

· 对媒体的影响力

· 对专家的影响力

战略力包括：

· 对市场的洞察力

· 对环境变化的敏感（政治、法律、经济环境）

· 对行业变化的敏感（市场、技术、商业模式）

· 对客户的洞察力

· 对对手的洞察力

· 对新技术的敏感

· 战略前瞻力

· 把握商机的能力

· 设立 SMART 且大胆的业务指标

· 大局观，善于抓核心问题

· 不受条框约束，善于战略创新

· 从战略出发做决策

· 战略决策迅速及时

内聚力包括：

· 创造文化的能力

· 建立规则的能力

· 建立和扩大组织的能力

手机扫描二维码后，输入“ZCLB05”，你将看到一篇关于企业家中年危机与出路的文章。全文从企业老大中年危机、激情消褪七大“病根”的解读，到给出的“对症良方”，句句肺腑之言。

- 展现能力的能力
- 获得忠诚的能力
- 敢于放权的能力
- 决断力
- 获得和留住关键人才的能力
- 个人性格魅力

执行力包括：

- 规划和计划的能力
- 组织、资源调配的能力
- 根据战略进行业务设计的能力
- 关键任务的设计能力
- 细节沟通能力
- 激励能力
- 检查、总结、改进、提高的能力
- 亲自动手的能力
- 搞定客户的能力
- 处理公司内部具体事务的能力
- 文字能力和演讲能力
- 危机时接管一切的能力

这些内容列在这里，只是想给大家一个我对领导力较为完整的理解。在这本书中，很多内容和上述列出来的要点相关。

回过头来我们继续说“激情”。

激情的要点不是有没有，而是它能不能持久。套用毛泽东的一句话“一个人做一件好事并不难，难的是一辈子做好事，不做坏事”。一个人有激情并不难，难的是N年如一日保持那份激情。阿里巴巴的领袖马云曾经说过："短暂的激情是不值钱的，只有持久的激情才是赚钱的。"这是他的体会，并且自己也做到了。

创业和企业发展就像一场没有尽头的马拉松，很少有人能够自始至终保持足够的激情。这正是为什么很多公司做到一定程度之后就再也无法成长的原因所在，也是为什么真正的企业领袖少之又少的原因所在。

企业领导也是人，也有疲惫的时候，也有失望甚至绝望的时候，但如果因此对事业失去了那份激情，你就只能是一个俗人。还有一种是，企业领导的个人财富已经积累到一定程度时，便突然失去了人生的目标。但他没明白，企业的领袖不是属于自己的，是属于企业的，是属于社会的。如果不能跨越个人，尤其是"钱"这个门槛儿，就只能是一个俗人。

所以，企业家重要的是不断设定新的目标，不断接受新的事物，不断对自己提出挑战，不断思考出新的思路去让企业更大更强，让自己更有领导力。而且最关键的是，所有这一切都是你真心热衷的。

总裁的家庭作业

1. 问自己：我还有激情吗？如果没有了，我要不要让出位子？
2. 问自己：我的人生目标到底是什么？还差多远？
3. 问自己：我要为社会贡献什么？将来为社会留下什么？
4. 问自己：什么事可以让我重新燃烧起激情？
5. 问自己：我是否需要静下来，离开现在的环境两个星期，重新思考一下自己的人生？

| 第二节 |

让梦想飞

那么，怎样保持激情呢？题目已经说清楚了：用你的梦想。我们在讲企业战略的时候，总是会问到企业的“愿景”（vision），其实所谓的愿景，在老刘看来，就是一种梦想。

每一个企业的愿景，都是在试图改变世界。愿景的大小，取决于你改变世界范围的大小。绝对意义上的改变世界，是不存在的。当年，微软以Windows改变了世界，让更多的人用上了“自己的”电脑；本世纪，苹果改变了世界，让手机改变了人们的生活方式。可所有这些，对于非洲大地上肚子还没有填饱的人们来说，并没有什么意义。因为他们所期望的，首先是不再挨饿。

一个软件公司的愿景，可能是用他的软件产品为企业或个人带来价值，为企业产生更多的价值或让人们得到更多的愉悦。微软公司最初的愿景就是：计算机进入家庭，放在每一张桌子上，使用微软的软件。一个娱乐公司的愿景，当然是让更多的人得到快乐。迪士尼公司的愿景就是：成为全球的超级娱乐公司。

企业的愿景就是企业家心中的梦想。这种梦想虽然大部分看起来是比较遥远的，但是企业和企业家本身的使命就是通过每一天的工作使企业一步步地接近理想的实现。

企业的愿景，企业家的梦想不是一个口号，或者说不能只是一个口号。老刘见过不少企业，他们有听起来很让人振奋的愿景，但是仅仅停留在口号上，企业除了贴在办公室的墙上和在对外宣传的时候用到，在工作中几乎没有人提及。所有的企业使命、战略目标、财务目标和战略，与愿景严重脱节。在老大的脑子里，早就充满了单子和数字，愿景和梦想已经沉睡。

那些放弃梦想的人会找到无数的借口。他们会说，市场环境不好，业务模式不对，团队不给力，有更好的赚钱机会，不一而足。他们被现实绑架了。这样的人和领袖二字无关，因为他们根本就不具备领袖的基本素质。

唤醒你的梦想吧！在你遇到困难的时候，你的梦想会让你振奋精神，让你在失败时仍有足够的激情去克服困难。同样，梦想会让你在成功时保持清醒，用新的激情迎接新的挑战。

梦想是与时俱进的。真正的领袖，会在一个梦想实现之后建立新的梦想，因为当你爬上一座山顶的时候，看见了一个新的世界，也看见了一座更高的山峰。

微软在基本上实现了 1975 年的愿景“要使全球家家户户都有个人电脑”之后，到了 21 世纪，面对新的市场形势，微软重新修订了它的愿景，即“让全球的人们以及企业充分发挥潜能”。其核心内容是：通过功能强大的软件服务，让每个使用者无论在任何时间、任何地点，以任何装置都能够实时取得所需要的信息以达事半功倍的效果。可惜的是，这样一个美好的愿景，却因为领导人的战略偏差使得微软在移动互联网市场上失去良机，落在了苹果、谷歌之后。

这也从另外一个角度说明了一个行业领袖的企业能够保持领先是多么的困难。对于企业领袖来说，他的宿命就是在竞争越来越激烈的市场上牢记自己的梦想并把它实现，然后奔向下一梦想。

有别于一般企业领导者的梦想，企业领袖的梦想不是个人的，而是社会的。对很多做企业的人来说，“成为亿万富翁”是他的梦想。这无可厚非，只要他生财有道。但要想成为真正的企业领袖，你的梦想就必须是（在某种程度上）“改变世界”，就必须是造福于人类，这才是领袖的境界。至于你可能在实现梦想的过程中成了亿万富翁，那也只不过是梦想的副产品。

世界的一大块，是由有梦想的领袖们——政治领袖、文化领袖和企业领袖撑起来的。世界进步的一大部分，是由这些领袖们领导和推动的。

梦想是一种冒险，做别人不敢做的事。

梦想是一种超越，做别人不能做的事。

梦想是一种野心，做别人做不到的事。

你不是别人，你就是你！

总裁的家庭作业

1. 你的企业有愿景吗？企业里的每一个员工都知道愿景并理解它的意义吗？
2. 企业的愿景也是你自己的远景吗？
3. 企业里的目标、战略、计划是不是和愿景所确定的方向一致？
4. 你经常在公司内外谈到你公司的愿景吗？为什么？如果没有，为什么？

| 第三节 |

分享梦想

约翰·福尔曼在他的《从领导到领袖》中写道：一个足够大的梦想或目标会使一个领导者鼓舞团队度过艰难时光。因为领导坚定地盯住想要的结果，要帮助团队完成它，这促使他们寻找一切办法去解决一路遇到的挑战。他与大家分享这个梦想，鼓舞团队放眼未来，树立了一个决心的榜样。他是灯塔，也为想成为领导的那些人照亮了道路。

其实，真正的“灯塔”是梦想。这个梦想不应只是领导的，而必须是大家的。马云这样解释企业的梦想：

企业要有规模，要有梦想，把它变成理想，把它实现。企业大了，我们需要小梦想。这两天提出“小企业，大梦想；大企业要有小梦想”。如何做一个人，如何帮助别人成长，去实现社会的平衡？我们看到一个公司小小的梦想变成大大的梦想。今天我们也问自己：“阿里巴巴的梦想到底是什么？”十年来，阿里巴巴得到所有会员的支持、员工的支持、所有人的支持，所以我们也是大公司。前几天有人问我：“阿里巴巴是大公司，17000 名员工，你怎么继续把它称为小公司？”对昨天的梦想来说，我们是大公司。对明天的梦想来说，我们是小公司。

梦想的传递，不一定要年年讲、月月讲、天天讲，而在于首先要把你的行动和梦想紧密联系在一起。这种行动比语言更能够影响他人。其次，你需要让员工们看到经过努力一步步接近梦想实现的过程。这是一个方面。另一个方面，是让领袖的梦想和企业的梦想、员工的梦想融为一体。有人说，人的本性是自私的。但从社会学角度来说，每个社会人，都在本能上和潜意识中有一种对获得社会认可、为社会贡献价值的渴望。这种渴望的唤起，往往需要一种引导。这种引导，对企业来说，就是把企业的愿景，领导者的梦想与每个员工的价值展现的需求紧密结合。

所以，那些认为员工只为钱工作的老板，永远不能把一个公司变成一个“伟大”的企业。而只有那些把自己的大梦想变成每一个员工小梦想的老板才能做到。

总裁的家庭作业

1. 如果你当初创业的主要梦想之一是财务自由，那么你今天有了数百甚至数千人的团队的时候，你的个人梦想又是什么？
2. 你怎样理解“一个企业领袖不属于个人而属于社会”这句话？
3. 你怎样为自己、为员工、为客户、为社会创造一个新的梦想？

| 第四节 |

使命与价值观

愿景和使命的关系，不同的人有不同的理解。如果说愿景是企业的最高管理者对于企业未来的价值设想的话，对于“使命”，老刘的理解是“每天做什么才能够一步步接近愿景的实现”。那么，价值观又是什么呢？价值观是企业里每一个干部和员工决策与行动的基本准则，或简称为“行为准则”。

下面，我们来看看几家公司的愿景、使命和价值观。

联想集团的愿景是：未来的联想应该是高科技的联想、服务的联想、国际化的联想。

联想电脑公司使命：为客户利益而努力创新。

联想公司价值观：成就客户、创业创新、精准求实、诚信正直。

IBM 公司使命：无论是一小步，还是一大步，都要带动人类的进步。

IBM 公司价值观：成就客户、创新为要、诚信负责。

（很奇怪，老刘的老东家没有愿景。）

迪士尼公司愿景：成为全球的超级娱乐公司。

迪士尼公司使命：使人们过得快活。

迪士尼公司价值观：极为注重一致性和细节刻画；通过创造性、梦幻和大胆的想象不断取得进步；严格控制、努力保持迪士尼“魔力”的形象。

苹果电脑公司愿景：让每人拥有一台计算机。

苹果电脑公司使命：借推广公平的资料使用惯例，建立用户对互联网之信任和信心。

苹果电脑公司核心价值观：提供大众强大的计算能力。

把这些公司的各种“口号”抬出来，不是为了讲解这些概念的含义，而是为了让想做领袖的企业管理者能够“更上一层楼”。也就是说，在他们眼里，“愿景、使命、价值观”首先不能是一个“口号”，一个自己都不相信，只说给别人听的口号，而是“融化在血液中”的、坚信不疑的、自觉执行的理念。这些理念应该是他们自己从内心深处“迸发出来”的，而不是由哪个小组讨论出来的。因为，这三个词的内涵，决定了你的公司是什么样的企业。

“使命”是把“愿景”落地的第一步。或者说，使命是公司从上到下，从老大到普通员工念念在兹的一个“任务”。这个任务，在联想就是为了客户利益而不断创新，在IBM就是不断带领人类进步，在苹果就是建立用户对互联网的信心，在迪士尼就是让每一个来迪士尼或欣赏迪士尼作品的人快乐。

“使命”本身的使命之一，就是为每个员工每天的工作加上一层“神圣”的光环，就是让大家觉得他的工作不仅仅是为了挣工资、养家糊口，而是有更大的社会意义。也就是前面所说的，唤起每一个人“本能上和潜意识中对获得社会认可、为社会贡献价值的渴望”。这在联想就是“为了客户利益”，不管你是工程师、销售、文员，还是经理、总经理、总裁，你每天的工作就是为了客户利益。你需要创新，创新的目的也是为了客户利益。联想的客户是千千万万个联想电脑的使用者，每当你想到自己的工作（或许是一份有些无聊的工作），是在为千千万万客户创造价值（利益）的时候，你就把自己的工作和千千万万个人联系在了一起。这在迪士尼就是为千千万万个人带来快乐，还有什么比这更快乐更高尚的工作呢？

说到这里，想起一段往事。十几年前，老刘曾经领导过一家软件公司。我依然记得，当我们的产品被客户接受，受到市场赞扬的时候，工程师们自己的自豪感溢于言表的样子。的确，那个时候，他们的工资不高，他们的工作很辛苦，但由此他们获得了成就感！这种成就感，不是升官发财，不是个人进步，而是对社会的贡献。而由此带来的，是他们对工作的热情，对公司的喜爱和对公司领导的崇敬。（老王卖瓜？）

企业的价值观反映企业领导人的为人哲学、为商哲学，是企业文化的核心内容，也是规范、约束和褒扬员工行为的准则。

每一个人都有自己的价值观，价值观相同或相近的人最容易沟通合作。一般来说，“志同道合”，“志同”容易，而“道合”很难，难就难在这个价值观上。企业之间也是如此，具有共同价值观的公司更容易合作。这或许可以解释为什么当初IBM把PC业务卖给联想。你看，联想的价值观“成就客户、创业创新、精准求实、诚信正直”和IBM的价值观“成就客户、创新为要、诚信负责”是多么的相似！

必须重申，价值观虽不是一句口号，但要让每一个员工像背诵一句口号一样记在心里。在这个意义上，老刘就很不喜欢那些表述过长的价值观。和梦想（愿景）略有不同，价值观是企业里可以并且需要“年年讲、月月讲、天天讲”的东西。在IBM的新员工培训中，数年后的今天老刘记得最清楚的就是对价值观的讲解。

因为，价值观最需要的是，“溶化在血液中，落实在行动上”。

曾经听过这样一个故事：

一个美国快递公司的邮递员，某一天骑着自行车为客户送一个急件，路上遇到一条河。因为上游大雨，把原本河上唯一的桥给冲塌了。怎么办呢？邮递员想到公司“急客户所急”的价值观，就掏出自己的信用卡，打电话到直升机公司租了一个直升机把客户的急件送到。

这样做本身是不是正确，租飞机的钱最后谁来出，自然有一番争论，我们且不去管它。重要的是，我们由此可以看出，这家公司的价值观是多么深入人心！

在某种意义上，企业领导创造出来的价值观是把员工和领袖的心联系在一起的一个重要的纽带。

总裁的家庭作业

1. 你的企业使命是什么？价值观是什么？
2. 你的员工中有多少人清楚地知道公司的使命和价值观？你打算怎样宣传和落实？
3. 价值观的落实要从公司老大和公司最高管理层做起，“以身作则”是第一要点，你自己做到了吗？你的管理团队做到了吗？
4. 你有什么样的制度来保证价值观的落实？

| 第五节 |
将激情化为行动

愿景和使命之后，就是目标。

老刘当年在微软工作，记忆中最清楚的一部分是当时工作的辛苦。曾经有同事把工作的状况形容成“十个井，八个盖”，意思是你的工作像讲故事一样，永远有“圆不上”的事儿。这也说明，在20世纪90年代，由于业务的高速增长，微软的资源也是非常短缺的（虽然很有钱）。更生动的形容是说，当时的微软人生活得像狗一样。为什么这么说呢？因为狗的生命是人的生命的1/7，也就是说，每个微软人一天干七天的活儿！这种说法未免有点夸张，但是辛苦是不言而喻的。

即便如此，大家在微软工作得仍然很愉快。为什么呢？首先是因为这个品牌，在这种世界第一的，至少大老板是世界首富的企业里工作的确是一个值得骄傲的事儿；其次是微软不断推出的新理念，譬如当年比尔·盖茨的第二本书《数字神经系统》，以及不断推出的新产品和经典产品的新版本，还有那些又酷又炫的市场活动，都足以让我们这些普通打工者为之激动不已。

落到工作上，大家都承担着不同的业务目标（business coal）。记得最清楚的是，一个叫作“stretch coal”的。在英文里，“stretch”是拉伸的意思，在这里就是一个比你的“业务目标”更大的目标数字，也就是一个“拉长了的”目标。拉多长呢？我没有深入研究过，大概是比“计划”中的目标高出16% ~ 20%（请老微软的朋友们指正）。这就让我想起一个老板曾经说过：什么是一个好的目标呢？就是要你助跑、跳起，手指头尖才能摸到的那个。因此，在老刘后来的讲课里，就在目标制定的“SMART”原则之后增加了另外一个词，叫作“aggressive”，就是要足够进取。

那时，微软的“激励”基本上只有一种，就是“股票期权”。其实这种说法并不准确，只不过是因为20世纪90年代微软发展太快，它的股票升值太快（从1991年到1999年间股票分拆了6次就是证明），所以大家都不把其他的激励放在心上罢了。那么，这个激励和目标什么关系呢？很简单，如果你只是做到“计划”中的“业务目标”，基本上是得不到股票期权奖励的，而只有你达到你的“stretch coal”才有可能（你问老刘有没有拿到？那是当然，还用说？）。

当年的微软的确是一个让人热血沸腾的地方。就算是蹦三蹦才能摸着的目标，也是激励大家积极工作、奋斗进取的一个因素。

不可思议的是，那几年的微软，每一年的计划目标都会被认为是“不可能完成的任务（impossible mission）”，事实上却年年都完成。个人觉得，那个时候微软上上下下的人气、员工的使命感和成就感，以及比尔·盖茨把握的正确的市场方向，加上科学的、数字化的管理体系造就了它的辉煌。

所以，从愿景到使命，再到目标，是一个从远到近、从大到小、从虚到实的过程。这个过程首先是解释“目标”的由来，也就是说，每一个阶段的业务目标，都是和公司的愿景、使命联系在一起的。这是领导者激发员工激情的重要途径之一。

最常见的问题是，很多成长型企业领导“胆识有余，措施不足”。他们都期望像前面的微软一样每年都完成那些“不可能完成的任务”，每年都有“倍增计划”，但是因为内功太差和企业里各种各样的缺陷，到头来达不成目标，严重挫伤公司干部和员工的积极性。另外一头，就是目标过于保守，明明企业可以通过努力达到的目标，却因为领导者的保守而错过，结果造成公司里人员懈怠，工作失去了激情。

因此，如何制定出既能够让大家保持激情，又不能太轻松完成的目标，是做老板的一个基本功力。以老刘的观点，我比较倾向于制定出略为激进的目标。但同时也要盘点资源、创造机制，支撑（不是保证）目标的达成。

总裁的家庭作业

1. 检查你的目标和战略是不是和你的愿景、使命脱节?
2. 你过去几年的业务目标的实现情况怎样？如果连续几年都没有达到预期或超过预期，你应该对下一个目标做出适当调整。
3. 目标的制定有若干维度系数，目标的分解也有若干规则，继续研读本书，你会找到答案。

| 第六节 |

把梦想化成品牌

当年老刘曾经作为创始CEO领导了一家软件公司。这家公司的产品在业内至今还有不少人知晓，叫作“红旗Linux”。即使你可以举出一万个论据说红旗公司的问题，但你不能否认，当年的红旗的确是中国国产软件的一面旗帜。红旗公司的愿景，也是当时的董事长孙玉芳先生和我本人的一个梦想，就是抓住开源软件这样一个千载难逢的机会，振兴国产软件，打破微软等国外企业的垄断地位。

不管后来的结果如何，那些年，这样一个“愿景”，激励了一代人为之奋斗。这其中不仅仅是红旗的一两百名员工，还有业内的专家、工程师、开源爱好者、国际开源软件界的同行、有见识的政府官员，等等。老刘自己也为之东奔西忙、摇旗呐喊，在连续三届的北京的Linux World大会上做主旨演讲，并受邀到东京、汉城、巴黎、香港宣讲红旗的梦想和理念。美国的《金融时报》、英国的《泰晤士报》、德国的《镜报》、法国的《解放报》，日本的NHK电视台、中国的《人民日报》和重要电视台都做过报道。红旗一时名声大噪。

有一天，一个工程师因为合作需要去一趟美国。那时去美国的签证管得很严，大家都担心他能不能拿到。结果那天，他满脸兴奋地跑回来对我说：“签证当场拿到！”我问：“How？”他说，签证官问他在什么公司工作，他说在红旗软件，结果那个签证官很高兴地说他听说过红旗，是中国一个很棒的软件公司，并竖起大拇指。签证因此顺利签下来，他也因此为自己在红旗这样的公司工作感到骄傲。他说给自己的同事，受到他的感染，我们也为自己的工作骄傲。

虽然不能说一个公司被美国人“知道”就怎么样了，但那个时候的红旗只不过是一个只有100多人，还没能赚钱的小小的软件公司，能得到那样的认知的确值得骄傲一下。

这就是品牌的力量。若干技术出身的企业创始人，后来成了公司的老大，一直延续着他们的“技术”风格，从不把品牌建立作为公司的重要战略，满足于在自己窄窄的行业范围内做个“名企”。他们在心底里仍然认为“酒香不怕巷子深”，不知道外边的世界已经进入21世纪，已经进入移动互联网时代。

他们不屑于或是不会把他的梦想、他的企业愿景分享给公司之外的人们。这些人可能包括公司的股东们、政府的官员们、大大小小的业务伙伴们、网上网下的媒体们。他们不知道这样做的结果会给公司带来巨大的无形的利益和价值。他们不知道品牌不但可以在公司成长的时候加倍加速，而且在公司遇到危难的时候品牌可以拿来救命。

没有什么比用自己的梦想和愿景做宣传更能有效建立公司品牌知名度了。这在市场和广告领域，似乎已经形成了一条规律。其实这个逻辑非常清楚：你的愿景是为社会（客户）创造价值，你的品牌就是社会（客户）知道你在这样做。

韩国著名的企业LG，推出的广告核心语是“Life is Good”，好像LG是这句话的缩写，其实不然。早在1988年，中国和韩国建立正式外交关系之前，老刘就在山东的烟台市接待过由当时的韩国总统科技顾问、韩国信息协会主席、Trigem 公司董事长李龙兑先生领衔的韩国信息产业代表团，其中就有当时 LG 的董事长。那个时候，LG 是一个小小的卖电视的公司，也许有人还记得他的品牌：乐喜金星（Lucky Golden star）。但当 LG 重新以“Life is Good”为愿景展现在市场面前时，已是一个世界级的公司了。

反面的故事也有。

一个企业有着很好的公司愿景，在最近几年的业绩增长很快，已经站在行业的前沿。当别人还在亏本的时候他们获得了相当不错的利润，可当他们的成长速度高于行业的增长速度时，企业的知名度却远远赶不上他所获得的成绩。就算是业内的人，甚至是业务上的合作伙伴，也不知道他们的成长故事，反而怀疑他们是否赢利，还导致销售在业务谈判中处于不应该的弱势地位。开会讨论这个问题的时候，公司领导自我解嘲说：我们是足够低调。

在当今社会，企业的低调是不被允许的，因为这意味着你把应该获得的市场价值给丧失了。我们不赞成那种有一说三、把自己拔高的做法，但所谓的“低调”是领袖缺乏市场意识和能力的表现。

一个好的品牌是在与市场分享你的愿景，一个好的品牌是在向市场传递你的激情。同时，一个好的品牌是企业的核心竞争力和凝聚力，而你是这个企业的代表。

企业品牌和企业领袖的关系就像是身与影的关系。说到联想，你会想到柳传志；说到微软，你会想到比尔·盖茨；说到阿里巴巴，你会想到马云；说到苹果，你会想到乔布斯……在所有企业品牌的组成因素中，产品和服务是一切的基础，而在品牌的打造过程中，领袖的作用是非常巨大且不可替代的。企业的发展成就了企业领袖，企业领袖的成长造就企业的成长。不遗余力、亲力亲为地建设公司品牌是企业领袖的核心任务之一。

老刘有个说法：要想把产品“卖”给客户，要想把企业“卖”给市场，企业的领袖首先要把自己“卖”给社会。对于成长型企业来说，尤其如此。

总裁的家庭作业

1. 品牌能给你的公司和你自己带来什么价值？
2. 你的企业在市场上的知名度和企业获得的成就相匹配吗？
3. 你有清晰的公司品牌战略吗？
4. 你花多少时间用于公司品牌建设？

| 第七节 |

建立独有的思想体系

每一个成功的企业领袖都有自己的一套思想体系。这一套思想体系影响着企业文化体系的建立，包括价值观，影响着企业的发展方向、管理体系、人才体系，甚至产品、销售体系。

现实中的情况是复杂的，尤其是对于成长型企业和成长型企业的老大。比较多的情况是，没有自己的思想体系。或是因为企业的发展时间还不够长，或是因为企业发展太快或太难没有精力去思考，或是因为市场和组织的变化太快太多不能形成一套思路，但更多的情况是企业的老大缺乏这样的意识和能力。对这种领导，有一个形象的比喻，叫作“提着裤子找厕所”，战略思维能力不是差，而是没有。

第二种情况是领导有思路，但这个思路是不成体系的。他可能对行业发展有自己的看法，对产品有自己的看法，对渠道有自己的看法，对人才有自己的看法，但各种观点之间没有一条主线，因此在执行过程中就产生了矛盾。这是缺乏顶层设计能力，也是缺乏战略思考能力的表现。

第三种情况是领导有自己的一套思路，但不能为团队所理解和接受。确实，在不少企业里，老大的水平和下一级的水平差距甚大，所以总是听到老大抱怨下边人不行、执行能力太差。这是两方面的问题，一方面是作为老大在招人用人上的问题。既然知道差距的存在，为什么不在找人和用人的环节上缩短？第二方面，还是你没有本事把自己的思路跟人家说清楚，或者你根本就认为别人听不懂，不屑跟人家说。如果是这样，你就算有再好的思路也只能束之高阁，埋在自己的脑袋里，而不能化成公司成长的价值。

一套完整的思想体系，首先是统一公司整个团队的思想核心。起码在公司内部，每个人都能把握你倡导的思想脉络，因此就能更好地理解你的战略和指示，也更容易形成团队战斗力。同时，一个有思想尤其是有一套思想体系的领导者，必定更受人尊重。因为，这不是谁都可以做到的。

思想体系的形成，是你长期对市场、客户、产品、团队等，与企业发展的所有方面的深入观察和思考得来的。其中当然也不乏从高人那里、从书本里借鉴而来的。任何一个体系都是从一点一滴开始的，你要善于把握自己的思想火花，善于把他们记录在脑子里或笔记本上，善于把这些点滴串起来，积沙成塔。逐步梳理你的思想脉络，不断在实践中验证你思想的正确性和准确性。在这套体系形成的过程中，你还会逐渐把自己点亮起来。

思想体系的大忌是不能落地，切忌跟人家说出来的话虚无缥缈、玄之又玄。在你思考的时候可以天马行空，但必须让它能够落实到你的企业的今天、明天、后天。同时思想体系的形成过程中需要不断修正，不要怕否定自己。一旦被实践证明是错了的东西要坚决改正。所以在很大程度上，你的思想体系的形成不是你一个人的事儿。集多人的智慧于一体也是你要有的本事。

思想体系的魅力在于“独特性”。有一个企业的老板，是稻盛和夫的忠实信徒，开管理会总是张口闭口稻盛和夫，张口闭口阿米巴，全然不顾自己的业务和企业的特点，生搬硬套别人的东西，于是下属们从开始的崇拜逐渐变成了麻木，最后觉得厌烦。为什么呢？因为他没有自己的思想，都是别人的。所谓独特性，并不是要“标新立异”，而是要根据面对的市场和客户做出自己的思考和判断。思想是用来指导行动的，不是拿来说说显摆自己的。

总裁的家庭作业

1. 把你对市场、客户、战略、营销、管理、人才、文化等各个方面的思考记录下来，并梳理其中的脉络。
2. 把你的思想化成行动。首先是自己的行动，然后是团队的行动。在实践中验证你的思想是不是正确，并不断做出修正。
3. 对于你认为正确的，尤其是经过验证的思想在公司内部不断宣传贯彻。
4. 不断总结、检讨、再思考，把你的思想形成体系。

05

引领战略

| 第一节 |

是的，你需要战略

因为要讲战略课，某一日老刘去见某公司老大。见面第一句，老大就说：“我们的战略没有问题，我们的问题是执行！我们的经理素质不行，执行能力太差！你应该跟他们讲讲怎么提高执行力。”老刘静静地听着，老大一路说着。当他说到要把现在的全国的三十几个分支机构变成八个大区时，老刘提问：“为什么要这样做呢？”老大说：“为了好管理啊。”老刘又问：“那当初谁决定建立三十几个分支机构的？”老大说：“我呀！”老刘又问：“那你当初是根据什么做这样的决定呢？”老大愣了，挠头：“也是哈，根据什么呢？”

这是很多成长型企业的老大们对“战略”的典型误区。在他们心里，要么战略就是虚头巴脑的东西，要么“战略”就是自己的一堆“想法”，即根据自己的经验和知识产生的想法。这些想法，只要自己觉得对，他们就认为下属必须去执行。而下属呢？并不理解老大的意图，不知道老大为什么会那样想，出于市场方向还是客户需求的考虑？目标是什么，SMART 吗？怎么分解到部门和个人？达成目标的途径是什么？资源怎样调配？……所以，下属整天在疑惑中工作，遇到脾气不好的老板还不敢问，他的执行力能好吗?

前不久看了篇微博,说国内某大公司是“执行的巨人,战略的矮子”,我很赞同。且不说其执行力是不是“巨人”,但他的战略能力的确是有问题的。譬如:作为软件公司,从“项目驱动”到“产品驱动”是一个跨越。跨越的核心是标准化产品。所谓“个性化”,对于B2B来说,蕴含着大风险。做企业市场,离客户越近,成本和风险就越高。成功的企业如Oracle、SAP,包括IBM,是把那些应用和客户化的“累活”丢给别人去做,自己则从标准化的产品中赚得盆盈钵满。但我们的“巨人”反其道而行之,无度地强调“个性化”,造成成本不断提高,利润逐年下降,看看他的财务报表就很清楚了。这就是战略问题。当战略错误的时候,执行力越高,对企业的损害越大。

IBM活了一百年,年收入一千二百多亿美元,并保持稳健增长。作为曾经的IBM大中华区战略部总监,老刘深切体会出战略在IBM发展中至关重要的作用。业内朋友都知道,20世纪90年代初,IBM曾濒临解体。从那时到今天的20年,IBM完成了华丽的转型。这个转型,用一句话即可概括:走向高附加值业务。为此,IBM做了两个加法,建立软件集团和收购普华永道的IT部,结果造就了今天利润贡献最大的软件业务(SWG)和成长最快的咨询业务(GBS);一个减法,就是把PC卖给联想,后来又卖掉了打印机和POS,结果呢?IBM的收入从当初的硬件产品占80%到现在倒过来只占不到20%。更重要的是,在过去的十年间,它的利润增长了5倍以上。

忘了从什么时候开始,微博上有人争论小企业要不要战略的问题,老刘看了觉得很搞笑。因为那些主张小企业不需要战略的人根本就不知道什么是战略。在他们眼里,战略就是虚头巴脑的东西。对于小企业和初创企业来说,搞那些东西没有用,直接实干就是了。

老刘绝对不反对实干。但是,讨论战略问题绝对不是空谈。做企业讲究控制成本,那么企业里什么成本最大呢?不是人力资源成本,也不是运营成本,而是“战略成本”。因为战略是指引方向的,方向错了,可能就不只是财务上的损失，也不只是时间上的损失，有时候甚至会造成企业的灭顶之灾。因为战略不对，执行力越高，损失越大。这也是为什么在一些著名的大企业，譬如诺基亚、索尼、微软等发生了重大问题，迅速走向下坡路的时候，大家首先讨论的就是他们的企业战略。

百度百科上对战略的定义是：一个战略（strategy）就是设计用来开发核心竞争力、获取竞争优势的一系列综合的、协调的约定和行动。如果选择了一种战略，公司即在不同的竞争方式中做出了选择。从这个意义上来说，战略选择表明了这家公司打算做什么，以及不做什么。

这个定义未免太书生气，也太复杂。其实，所谓战略就是为了达成既定目标所要选择的路径。譬如说，您今天要爬山，有五条道：一、从中间的山路直接爬上去；二、从旁边的公路走上去；三、坐缆车上去；四、开汽车上去；五、找没路的地方爬上去。目的地就是山顶。而这时，你首先要确定你做这件事的目标是什么。如果是为了探险，你最好选择第五种；如果是为了锻炼身体，则选第一种或第二种；如果是为了好玩儿，而且还带着小朋友，第二种或第三种更适合；如果是为了尽快上到山顶，那么第三种或第四种最佳。同时，你还要考虑自己的资源。如果你没有足够的时间又想锻炼身体，就只能选第一种；如果你不想太累又缺钱，你就选第二种，等等。

所以说，所谓战略，最核心的就是选择，选择最佳组合达到自己的目标。

一般来说，战略要表达清楚几个意思：做什么、怎么做和不做什么。举个例子。明朝朱元璋在争霸天下的时候听了朱升的建议，采取了9字战略“高筑墙、广积粮、缓称王”。其中“筑墙”和“积粮”是做什么，“高”和“广”是怎么做，而称王这件事现在是不能做的。但是，这个战略服务于什么目标呢？称王啊。所以，“缓”字就用得高明至极。现在不做，不等于将来不做。

其实，不是说一定在重大问题上才有战略。在英文中“strategy”，既指战略又指策略。只不过到了中文里，战略和策略显出了“大小之分”，而本质意义上是一码事。我们前面举的爬山的例子，不过是生活中的一件小事儿而已。但是如果换成战场，攻下山顶成为一个战略目标，那么选择怎样的路线攻上去就是战略了。

所以说，“小公司不需要战略”是极其错误的。借用一句老话，“低头拉车”是执行，“抬头看路”是战略。公司不在大小，走对路是最要紧的。如果你是一个成长型公司的老大，又有雄心壮志，那么你的战略能力就是至关重要的。因为你是舵手，你引领你的企业航船前行。

手机扫描二维码后，输入“ZCLB06”，你将看到一篇真正出自李嘉诚的关于老二如何变老大的文章。

不大不小的成长型公司的老大更需要战略能力。相对来说，初创公司可以“先开枪，后瞄准”，市场、产品、业务模式、团队建设都在“试错阶段”，方向上出点偏差通常在预料之中。而成熟的公司已经有了既定的方向和一套相对完善的制度，同时，公司的战略决策一般也不会仅仅依靠老大一个人，而是由一套班子配合完成。成长型公司则不然。首先它的市场选择更多，因此市场的诱惑也更多，一旦被诱惑所吸引，不做战略研究就一头扎进去，则一定会出大问题。其次，围绕着你的资源也在快速变化之中，如果你不能把握这种变化，你的战略再好也无法真正实施。再次，就是你的业务模式仍然没有完全定型。这会在很大程度上影响到你的产品规划、客户选择、组织结构和人员结构。

总而言之，成长型公司处在一个相对更加动态的环境之中，就像航行在海上的一艘船。既不像渔民打鱼的渔船，只要有鱼去哪儿都成，遇到恶劣天气就收工回家；也不像泰坦尼克号那样的万吨巨轮，从头到尾的航线一清二楚，除了冰山之外撞上谁都不怕；而你更像在海上“寻宝”的，要把握好方向以便最快找到藏宝的小岛，还要预防随时可能出现的风雨雷电、巨浪海啸的袭击。

所以，你作为船长和舵手，首先必须是一个战略家。

很多千把来人的公司都设有“首席战略官”（CSO——Chief Strategy Officer）这样的职衔，负责公司业务战略的制定。和CSO不同的是，公司老大要比他站得更高，看得更远。从某种意义上说，CSO可以负责基于财务目标和短期战略目标的战略制定，而老大则要基于你的企业愿景或更长期的战略目标思考战略。从这个意义上讲，老大是“大战略师”。

总裁的家庭作业：

1. 思考：作为企业的老大，你每天都要做出很多大大小小的决策。这些决策是在一个整体的战略框架之下的吗？会不会很多决策之间是矛盾的？譬如，你在进行产品调整、营销策略调整、组织调整、人员调整时，是不是在“头疼医头，脚疼医脚”？
2. 有时间读两本关于企业战略的书籍。这类书很多，老刘不逐一推荐。不过，彼得·德鲁克的书是值得一读的。

| 第二节 |

战略意图

企业员工经常问到的问题之一，就是“公司朝什么方向走”？当问这样问题的员工多起来的时候，就说明这个公司出问题了，尤其是老大出问题了。

有人会说，怎么会有这样的问题呢？公司不是有愿景吗？有使命吗？有目标吗？不是清清楚楚的吗？怎么会不知道方向？

如果这样想，那你还是没理解员工的问题。这个问题的核心不是说公司的理想，也不是说今年的销售额，而是“方向”，中长期的方向。所谓“方向”，就是对未来的客户群的选择，也就是战场的选择，以及期望在这块市场上期望得到什么。与之相配套的，是相关的产品、营销、渠道、组织、人事的布局。期望的目标可能是比较模糊的，这不要紧，从模糊到清楚的过程就是验证方向是否正确的过程。

这个方向的选择，就是“战略意图”。战略意图（strategic intent）和战略（strategy）并不完全是一回事儿。1989年，《哈佛商业评论》上发表了一篇名为《战略意图》的文章。两位作者都是很牛的人。其中，加里·哈默（Gary Hamel）是战略研究的最前沿大师，被《经济学人》誉为“世界一流的战略大师”，《财富》杂志称他为“当今商界战略管理的领路人”。战略意图、核心竞争力、战略构筑、行业前瞻，这一系列影响深远的革命性概念，都是由他提出的。另一个叫作C.K.普拉哈拉德（C.K.Prahalad），则是核心竞争力理论的创始人之一，国际上公认的公司战略和跨国公司管理领域的专家。

在这篇文章中，哈默和普拉哈拉德为战略意图所下的定义是：一个雄心勃勃的宏伟梦想，它是企业的动力之源，能够为企业带来情感和智能上的双重能量，借此企业才能迈上未来的成功之旅。如果把企业的战略体系架构（即包括功能配置、竞争力获取、资源重组在内的高端蓝图）比喻为企业的大脑的话，那么战略意图则是企业的心脏。战略意图应该表现出一种迎接未来挑战的张力——当前的资源与能力不足以完成企业所面临的任务和挑战。

对于大脑和心脏的比喻，老刘一直理解得不好。不过不要紧，因为老刘想说的，就是把“战略意图”以一种更加容易理解的方式定义，即：战略意图是基于公司愿景的战略方向选择。在所有战略层次上，战略意图是最高层次。因为它所服务的，不是一个具体的财务数字目标，而是听起来有点遥远的一个梦想。

所以，哈默和普拉哈拉德为战略意图确定的三个属性都用了“感觉”“意识”“直觉”（sense）这样的词来形容：方向感（sense of direction），企业对于构建今后十年左右的市场和竞争地位的观点，是企业对于未来的看法，为企业提供统一的、深入人心的方向感；发现的直觉（sense of discovery），战略意图要能够于各种资源、能力中区分出，即着眼于未来的独特竞争能力，能够带领企业员工去探索新的竞争天地；命运的直觉（sense of destiny），战略意图还有一定的情感成分，能够让员工感知到其内在价值。

之所以用“感觉”一词，是因为所有的“战略意图”都有“摸着石头过河”的成分。既不像爬山那样有具体的目标，也不像爬上山那样有明确的五条路可以选择。所以，“战略意图”比起通常的战略，有着更大的冒险成分。这就不但考验着领导者高瞻远瞩的能力，更考验着领导者的勇气和胆识。

一个企业的战略意图，通常是非常有前瞻性的，因此也就必须由企业的老大去思考和确定。因为只有他才比别人站得更高，看得更远，梦想也是从他那里出发。一个清晰的战略意图是对梦想的最好诠释，也是一个领导者能否真正成为企业领袖的一个重要标志。

总裁的家庭作业：

1. 战略意图的形成在很大程度上是靠企业家的直觉。这种直觉可能和行业中其他人的看法不一样，但这也许恰恰是最为宝贵的。所以，如果一旦你产生了这样的直觉，千万别轻易放弃。“大胆设想，小心求证”，不求完善，在你认为可以开始时马上开始。这可能是你走向悬崖的开始，更可能是你成为一个伟大企业家的开端。
2. 培养自己的“感觉”，力求对业界的任何动向，尤其是客户需求的动向、新技术的动向，保持高度的敏感。一旦有发现，立即进行深入探讨，找出可能的机会，尤其是从红海迈向蓝海的机会。

| 第三节 |
市场洞察

看过几家成长型公司，都差不多做了十年左右，业务也有了上亿的规模，在其所处的行业里也有了一点地位，品牌也有了一些名气。但深入进去，发现整个公司从上到下大家每天所谈的，都是公司运营中所发生的那些芝麻绿豆之类的事儿。对市场上发生了什么却极不敏感，像跟他们完全没关系似的。后来，有的公司就在市场大潮中受到很大冲击，原本在市场上的地位也因客户流失而不断滑落。结果造成了人才流失，财务亏损。

对于这类公司，老刘曾经总结过“五多五少”：

向内看得多，向外看得少；

关心局部多，讨论全局少；

执行细节多，市场战略少；

开会说话多，决策行动少；

过程扯皮多，关心结果少。

你的企业里，是否也有这样的情况存在呢？

“向内看得多，向外看得少”是说大家都只是关心眼前的工作，而不去看看市场上的变化。比如，客户需求有什么变化，竞争对手都干了什么，有什么新技术出现，等等。一般的底层人员不关心也就罢了，如果一个公司的高层，尤其是老大对此也漠不关心的话，那就非常危险了。

正确的目标和战略从哪来？首先是对市场全面而深刻的认识，其次是对自己资源的检讨。然后对照这两方面，朝着愿景所知的方向，你才能制定出有竞争力的、行之有效的战略。否则，闭门造车写出来的战略要么是忽悠董事会的，要么是忽悠自己的，除了自我欣赏，没有任何价值。

那么，怎样才能对市场有全面而深入的理解呢？我们把“全面”和“深入”分开来讲。要做到“全面”，需要站在“外面”，审视市场的环境和行业的变化，做宏观的分析，我们管这个叫“市场观察”（market outsight）；要做到“深入”，就必须进到里面去，做微观的分析，我们管这个叫“市场洞察”（market insight），其中包括三项内容：客户、对手和技术。所以，整个市场分析可以用十个字来概括：环境、行业、客户、对手、技术。

1. 环境

任何一个业务，都处在一定的环境之中。环境对业务的影响根据业务不同大小不一。有时，环境对业务的影响之大，可以让你平步青云，也可以让你一夜消亡。

首先是政治环境。政治环境中的主要影响因素包括政策和法规。

政策的影响是巨大的。过去两年，老刘曾经给若干公司讲授过战略规划与执行的课程，其中就有几个公司受政策影响巨大。一个是服务于股民的公司，因为股市受到政策影响较大，所以他们的业务也随着股市起起伏伏；一个是在汽车市场上，买车摇号、限行令、油价政策等，都是他们业务的风向标；还有一个是房地产公司，就更不用提了。若干年里，因为政策影响，房地产价格市场让人有些摸不着规律。

政策的走向是每一个公司，尤其是公司的老大必须研究的课题。曾经在若干不同的场合，老刘问台下的企业高管们：你们读过“十八大报告”吗？你们研究过“十三五计划”吗？多数人摇头。但是老刘告诉你，这些报告，在大型的外企里，是要一堆人逐字逐句去解读，去分析，去“领会”的。不仅如此，这些报告之后更细节的文件，譬如各行业的“十三五计划”，部委及各省市的相关执行计划都在其研究的范围之内。最后，与自己业务直接相关的部分还会特别研究，分析出其可能对业务的正面的或负面的影响。其中的很多讨论，老大会直接参与并确定相应的企业策略。

政策之外，还有很多法规，就是法律和规定。中国仍然处在一个法律不断健全的过程之中，各种法律法规的调整在所难免，其中某一项法律调整就可能会影响到你的业务。还有各种规定，也不可忽视。前不久，有一位创业的朋友说，不知道为什么消防局突然来访，发现办公室内某一个房间中的烟感器坏了，于是按照“某某规定”对该公司罚款 10000 元。对于初创公司而言，10000 元很可能就是公司全体员工一个月的工资！这还算是小事，还有很多比这更大的对业务影响也更大的规定，老大们绝不可等闲视之！

其次是经济环境。也许你的企业太小，经济环境的变化还影响不到你那点小生意。但是，一旦你的业务做起来，不管什么业务，受到经济环境变化的影响是必然的。GDP 的增长，CPI 的变化，国家经济、地区经济的构成变化，相关行业的规模和发展趋势，都可能成为公司业务的机会或障碍。一旦公司业务做到了行业的前几名，那么这个行业里整体的经济指标，尤其是客户在你公司相关业务上的投入，就变成了你必须时时关心的问题。因为，它会直接影响公司财务目标能不能实现。除此之外，国家在不同行业的政策倾斜和资本市场的变化（投资环境），也是很多企业家和老板们必须关心的问题。

最后是文化环境。文化环境不是对所有的业务都产生影响，但如果你的公司业务跟老百姓直接相关，文化环境就会成为影响业务的重要因素。一个典型的例子是某网络游戏公司，业务发展到了国外。老刘问负责印度业务的总经理：在你的游戏产品中，你敢把牛放进去吗？老总回答：法律上没规定，但是你放进去恐怕就没人玩儿了。这就是文化。就游戏业务而言，不单单是这种宗教色彩的文化，实际上，人们的作息时间，膜拜的神灵，不同社会阶层的教育都可能是影响业务成败的关键因素。

互联网和移动互联网的出现改变了人们的生活方式，社会文化因此走向一个新的阶段。而且，这种变化已经给许多企业带来了大发展的机会。但也有不少企业，对互联网和移动互联网的认识，还仅仅停留在“新技术”的层面上，并没有看到其对社会及文化的巨大影响，将来必然会失去许多相关的机会。21 世纪前十年的诺基亚和摩托罗拉，就是这部分企业的代表。

其实，对于环境的关注和分析，重点不在它今天怎样，关键是要看到它明天会怎样，也就是下一步的变化趋势。这一点，谁抓得准，谁就可能获得利益，或者减少损失。抓不准，结果则相反。

所以说，做领袖的要高瞻远瞩，这一点在其对环境的认识上最能体现。

2. 行业

每个业务的主体通常都会处在某个行业之中，随着技术和市场的变迁，很多业务同时跨了几个行业。譬如，一个做汽车门户网站的企业，就跨了汽车、媒体、互联网、服务四个行业，如果他还做电子商务，那就又涉及商务了。很多这样的跨行业企业经常搞不清楚自己到底是哪一个行业的，所以在做业务分析的时候，就撇不清自己应该跟谁比，应该去看哪些行业的指标。

以上述的汽车门户网站为例，在谈到业务的时候，他们会用“因为汽车市场不景气”来解释自己业务的下滑，也可能用互联网的市场变化来解释自己收入的变化。所有的解释听起来似乎都是有理的，有一个事实却绕不过去：同样是汽车门户网站的另外一家公司，由原来的老三超过自己变成了老大。从情感上，这家公司不愿意去跟人家比，实际上“汽车门户网站”是几个行业的交集，形成了一个新的行业，叫“汽车互联网”。

行业的观察内容很容易总结出来。因为任何一家市场分析公司，像 Gartner、IDC、赛迪、易观、艾瑞等给客户的“行业研究报告”都是一个基本不变的格式，基本内容包括发展现状和发展趋势两个部分。每个部分中都会包括市场规模分析，然后是市场结构，可以分成以产品、厂家、行业、地域等不同维度的市场结构分析。重要的是增长预测和结构变化分析，能让报告的阅读者知道自己的业务应该做什么样的调整。

老刘的一个朋友，曾经是一家著名国际市场分析公司中国部的副总裁，他的重要任务之一，就是为那些在中国的跨国公司的本地老大做市场顾问。每个月他都会到老大的办公室聊上一两个小时，总结这个月市场上发生了什么重要的事，以及回答老大所关心的各种行业里的问题。这样的顾问当然要付不少钱，但一定是值得的。

可惜的是，在国内的企业里，还真没听说哪些领导有这样的安排。甚至在做到上亿的企业里，都很难看到一些真正的行业分析，就算是购买一点别人的行业分析报告，还可能被老板斥为“乱花钱”。

要做明白的领导，要做高瞻远瞩的领袖，你甚至不需要去请什么专业的顾问（当然需要数字的时候要用到他们），你的眼睛里就应该有一份行业发展的蓝图：哪些产品、哪些商业模式可能会迎来契机，而哪些正在没落？行业里谁领先，自己是老几？什么地区和什么应用行业（即你产品的营销对象的行业）发展情况怎样？这样的“账本”你必须有啊！

不但要有，而且还要有你自己独特的看法。这种独特看法你可以说，也可以不说，但一定要有。不然，你就只能永远跟在别人屁股后面。有空多听一些行业的领袖们演讲吧，他们所说的，大部分是行业的重要信息。

3. 客户

从外面观察行业之后，就要进入行业之中。行业之中有谁？客户！

老刘给人家上战略课，最经常问到的问题之一是：“企业的核心竞争力来自哪里？”答案总是五花八门的，有人说是团队，有人说是技术，有人说是战略，有人说是文化，不一而足。老刘说：“你们说得都对，也都不对。对是因为企业的核心竞争力少不了这几样，不对是因为你没有回答老刘的问题。”老刘的答案是：企业的核心竞争力，来自对客户需求的理解比别人高一头、深一尺。

在某公司的干部会上，老刘曾经提问：“谁能准确地描述公司的客户是谁？”没想到的是，大家的答案如此不同，让老刘觉得他们基本上都是在胡猜。需要说明的是，在许多业务里，客户（customer）和用户（user 或 end user）不是一个群体。比如说，媒体属性的互联网企业，他的产品（网站内容）的“用户”是网民，但他的“客户”（给他钱的人）是广告主。在这里，客户和用户的需求经常是矛盾的，那么从战略上考虑，谁更优先呢？当然是用户，因为没有用户就没有客户。在日常的运作中，有时候因为业绩上的原因会考虑一些客户的特别要求，那是战术层面的事。为了叙述方便，以下我们统称为“客户”。

要知道你的客户在哪里，不管你是面对企业客户，还是个人客户，都应该有一个客户数据库。有人会问，我是互联网企业，我的 UV 可能上亿，这样的数据库要多大啊？大又怎样？电信运营商都有完整的客户数据库，他们的业务决策基础就是这样一个数据库。数据库里要有什么？

第一，要有一个基本的客户数据库。如果是企业，就要有企业的基本数据，譬如名称、企业性质、业务范围、公司规模等；如果是个人，就要包括个人的基本信息，譬如年龄、性别、教育、收入、职业、区域等。

第二，要有客户特征分析数据。这包括行为习惯分析，尤其是购买行为分析：根据客户购买记录识别客户的价值，主要用于根据价值来对客户进行分类。当年我在 IBM 做战略规划时，客户的购买行为分析就为业务决策起到了决定性作用。因为分析发现，客户的购买方式，已经从单纯购买机器（硬件）和分别购买相应软件向购买整体解决方案转移，从购买产品向同时购买产品和服务转移。用户特征分析还包括产品意见分析：根据不同的客户对各种产品所提出的各种意见，以及当各种新产品或服务推出时的不同态度，来确定客户对新事物的接受程度。

第三，要有客户忠诚度分析。很多企业都有客户满意度分析，概念上没有太大差别，但是“忠诚度”一般含义更广，因为忠诚是基于对企业及产品的信任度、来往频率、服务效果、满意程度，以及继续接受同一企业服务可能性的综合评估值，可根据具体的指标进行量化。

当然，数据库还可以有很多。啰嗦这一大堆，目的是让企业领导者即便没有这样的数据库，对于自己的客户是谁、有什么特征、购买行为怎样、有什么样的变化、忠诚度有多高、忠诚度降低的主要原因等因素做到心中有数。

知道了客户是谁之后，还要知道他的需求是什么。最重要的是，他“不得不”的那一块需求，也就是“刚性需求”以及明天可能的“刚性需求”。

老刘参加过一个“智能家居”的沙龙，听大家谈到智能家居行业搞了十来年，还是没有起来，为什么？我给出的答案是：清楚“智能家居的客户是谁”（严格地说，如果谈到客户细分，也不那么清楚），但不清楚“客户的需求是什么”，尤其没能发现客户的刚性需求。什么意思呢？譬如说，智能窗帘是刚性需求吗？不是。但智能窗户可能是。为什么呢？因为不在家的时候，可能早上忘了关窗户到了中午老天要下大雨，就会担心家里进水。如果可以通过远程遥控把窗户关上，那就解决大问题了，也就不用专门开车回家关窗户。至于窗帘拉上没拉上并不那么要紧。

任何行业的兴起都伴随着某种“刚需”。但是，发现这种刚需则要求非凡的能力。比如，个人电脑现在绝对是刚需，可几十年前就连 IBM 这么牛的公司都没预见到。又比如，人们对移动互联网的需求就连微软这么牛的公司也没看好，所以就落后了。然而，刚需在很大程度上还不只是发现，而是激发和拉动。最典型的例子是电子商务，“买东西不出门”在十多年前还是个梦想，大多数人觉得出门买东西是天经地义的，可当电子商务出现之后，便迅速影响了亿万民众。在这背后，也就是把“非刚需”变成“刚需”的过程中，业内也付出了极大的代价，前仆后继死掉的电商公司成千上万，尤其是那些“跟着走”的。

所以，要想在业内领先，就必须把目光永远聚焦在“对客户需求的理解比别人高一头、深一尺”上。

苹果公司的成功，主要是乔布斯的功劳。乔布斯的伟大，在于他对移动互联网市场中客户需求的理解比别人高了一头，多看透了一层，所以就有了iPhone和iPad。

有人说，乔布斯创造了新的市场。不是，iPhone之前没有Phone吗？iPad之前没有Pad吗？都有。也有人说，对于移动互联网的市场，不只是乔布斯看见了吧？诺基亚当初也看见了啊，微软也看见了啊，他们怎么就没有占先呢？原因很简单，他们只是“看到了”，但是没有理解透彻，又缺乏冒险精神，所以不敢动，就落在别人后面。

之所以反复强调“高一头、深一层”，重点在于看到并深度理解客户需求的变化趋势。说白了，就是客户明天（甚至是今天晚上）的需求，而不是别人已经看到的，满世界都知道的事情。由此想起张瑞敏的一句话，大致的意思是：当一个市场只有一半的人觉得有机会时，你可能赚大钱（当然也可能失败）；当一个市场有80%的人觉得有机会时，你就只能赚点小钱；如果一个市场大家都说有机会的时候，你就真的没机会了，只有赔钱的份儿。

所以说，要想在竞争中获胜，要想有制胜的企业战略，作为公司的老大，就必须站在市场的最前沿。因此，你也有两种可能：要么第一个攻下下一个山头，要么第一个被乱枪击中。

一切都看你的眼光，看你的胆识，看你的执行力了。

另外，没有围绕客户需求变化而制定的企业战略都是扯淡。

4. 对手

市场和战场不同。战场上通常只有一个对手，而且是你死我活的。市场上你经常会面对若干个对手，比的是谁跑得更好，跑得更快。

某公司开会，分析市场变化。发现原本在自己后面的一家对手，不经意间（谁不经意？）跑到了自己的前面。谈及原因的时候，负责经理说："哈，那间公司根本没什么特别的东西，他们只不过是从我们公司偷去了很多主意和做法而已。"言下之意是别人其实不如自己。

为此老刘大为光火，斥责说，"胡说八道！如果人家是因为学习了你的东西超过了你，那为什么你创新在先，却没能保住你的竞争优势？你为什么不能通过学习别人来超过人家？说到底，这是一种骄傲情绪和"自保"情绪在作怪。你不过是一个规模不到千人，营业额几个亿的小公司而已。别说你还没做到行业第一，就算做到了，你也没有骄傲的资格，也没有忽视竞争对手的资格。现在没有，永远没有！"

你必须对自己在市场上的位置有一个清醒的认识。如果你不是老大，那么你是老几？你的下一个超越目标是谁？如果你是老二，那么你和老大的距离有多远？如果你是老大，那么老二和你的距离有多远？有没有什么新秀会异军突起，一举把你超过？对此，你有什么样的战略准备和措施？

老刘当年在微软工作的时候，每一年的报告中最头疼的就是要报告竞争对手的信息，包括竞争对手的营销状况、战略变化、人员变化、产品变化等。不管你用什么正规的和不正规的手段（当然不能是非法的），你都要报告，并给出竞争策略。这也充分说明了，微软这样的顶尖公司对竞争对手的重视。但是，后来的发展表明，微软显然低估了苹果和谷歌，所以就在移动互联网市场上落后了。因为它骄傲了。在 IBM，给老刘印象很深的是，几乎每个业务报告中，都必须有详细的竞争对手分析。最重要的是，前五家竞争对手在市场份额上的变化状况。任何一点点变化，哪怕是 0.5% 市场份额的损失都是大事。这一点，我们在下一章有关战略目标的部分还会谈到。

作为企业的老大，你需要在脑子里有一幅动态的、清晰的画面：当前的市场竞争格局。你心里必须清楚，和你的竞争对手相比，你的主要优势和劣势是什么？优势不那么重要，重要的是劣势，你怎么去避开或提升。

你心里要有一本账，记录着主要竞争对手的战略、价值取向、主要竞争策略以及竞争手段，你甚至还需要充分了解对方老大的个性，以防止突发事件对你的业务造成重创。

同时，你心里要有一张表，记录着你的主要竞争对手在过去一年里做了什么，尤其是有什么重大的战略行动和可能发生的战略行动，以及这样的行动会对他自己的业务发生什么样的影响？会对你的业务发生什么样的影响？会对行业的竞争格局发生什么样的影响？你要采取什么样的应对措施？

你要分析竞争对手的哪些战略和做法值得自己去借鉴和学习。一个进入行业内前三且与其他两个竞争对手不分伯仲的公司，请老刘去讲战略。老大说，我们之所以现在要研究战略问题，主要是因为我们过去十年就执行了一条跟随战略：别人做什么我们做什么。跟到今天，我们和学习对象也是竞争对手几乎并驾齐驱的时候，我们已经没什么好学的了，下面的路我们要自己闯了。这也从另一个角度证明，他的跟随战略是成功的。我相信，用这样一个简单战略获得成功的绝不只他一家。

你经常要想，而且要问下属的两个简单问题是：客户为什么选择我们？客户为什么选择对手？

我们也会经常看到一些在行业内排名第N位的企业，天天喊着要做天下第一，可喊了N年，仍然与第一相差很远。其实，老刘不是反对你有做第一的雄心壮志，更不反对你借鉴老大的成功做法，但更重要的是，你有怎样的思路和办法超过你前面的那一个！

5. 技术

用一句英文："Last but not least"，意思是最后但不是最不重要的。而事实上极其重要的市场因素，就是技术的发展。

前面说到“创造市场”的问题。历史上真正“创造市场”的，基本上都是完成了颠覆性技术的。在过去的几十年，有三个颠覆性技术的出现造就了今天的泛 IT 市场。第一个是电脑，从大型机到小型机，尤其是个人电脑，但在体系结构上，他们都还是“冯·诺依曼结构”，至今（2013 年）还没有实质性突破，这个是传统的 IT 市场；第二个是互联网，世界上恐怕除了电的发明，没有哪一项技术像互联网这样快、这样广地改变了人类的生活，虽然互联网不是“一项”，而是“一堆”技术的组合；第三个是无线技术，使人们终于割断了限制自由的那根线，可以任何时间，在任何地方，跟任何人交流，做任何事（听、说、读、写、看、开会……）。于是，手机市场如火如荼，移动互联网市场蓬勃发展。

影响市场的，不仅仅是“颠覆性技术”，那些“渐进性技术”的发展同样不可小觑。你记得 1993 年，一个 1G 的硬盘要卖多少钱吗？如果我没记错的话，那时老刘在某公司做系统集成销售，一个图形工作站所配的 1G 硬盘报价是上万美元！而且，还要美国的出口许可证！而现在呢？ 1T 的移动存储差不多才几十美元吧。

近些年，这样的变化越来愈多，也越来越快。搜索平台、即时通讯、网上社交、3D 打印、微博、微信的出现，都在快速地改变着我们每个人的工作和生活。以前那种“各领风骚数百年”的年代一去不复返了，现在的新技术能够“各领风骚数百天”就已经很不容易啦。长江后浪推前浪，前浪死在沙滩上。新技术的兴起，往往是伴随着前一代技术的消亡。

如今已经没有所谓“零科技”的公司了，也没有哪种业务和技术是完全没有关系的。那些号称“高科技”“高技术”的公司就更不用说了。

即便是一些做技术出身的公司老大，也未必对行业技术的发展给予了足够的研究和重视。原因可能是这些老大不再搞技术，而转向业务和市场，他们整天会被手头的案子和各种关系搞得焦头烂额，所以无暇顾及。还有一个原因是，他们对自己的技术在市场上的竞争力信息过足，认为别人一时半会赶不上。最糟糕的是，有些老大不认为技术的创新是公司的核心竞争力，所以在市场、销售、产品和业务模式上下了很大功夫，却对技术创新置之不顾。当然，还有一种情况，老大会说，公司没有足够的资源在新技术跟踪和技术创新上。老刘说，这最后一点，就是托词而已。

老大们要不断地思考或询问你的技术专家：行业中的技术发展趋势是什么？哪些技术领导阻碍着产业的发展？不同产品中的技术格局怎样？你竞争对手的主要技术来源是什么？如果你的业务是技术驱动型，那么你就必须清楚：你的核心竞争力中，技术是核心吗？如果是，那么你的技术领先或落后竞争对手多少？你的技术有没有通过创新弯道超车的可能？

市场洞察就是五方面10个字：环境、行业、客户、对手、技术，你记住了吗？

总裁的家庭作业

1. 你的公司业务是政策（法律、文化、投资）敏感型的吗？如果是，过去一年里公司业务所面临的市场环境发生了哪些变化？包括：
   - 政策环境。
   - 法律环境。
   - 文化环境。
   - 投资环境。
   - 新的标准和规范。
   - 其他你认为重要的环境因素。
2. 行业方面分析：
   - 对行业业务容量的评估（多大盘子）。
   - 行业的增长趋势（产品、行业、区域）。
   - 行业的格局（厂家、产品、区域、客户行业等）的变化趋势。
   - 行业变化的核心驱动力分析。

• 过去一年中行业内发生的影响行业发展的重大事件。

3. 客户方面分析：

• 谁是我们的客户？

• 客户为什么选择我们？

• 客户群体的变化状况（根据不同特征描述）。

• 客户需求的变化情况。

• 客户购买行为的变化情况。

4. 竞争对手方面分析：

• 在整个竞争市场上发生了什么变化（主要是竞争格局、市场排位）？

• 谁是主要的竞争对手？

• 什么是影响竞争的最关键因素？

• 客户为什么选择对手？

• 过去一年你的主要竞争对手做了什么战略行动，影响了他的业务、你的业务和行业格局？

5. 技术方面分析：

• 在技术与服务领域里的趋势和变化？

• 什么样的新技术可能对行业产生重大影响？

| 第四节 |

业务洞察

看过了外面，再看里面。上一节说过，很多公司的人整天向里看，可他们的“看”并不是老刘的“看”。老刘的“看”是对公司老大说的，他应该怎样“看”自己的业务。

在大公司里，每年、每月、每周都有 business review，就是业务检讨，检讨自己。在思考和制定业务战略的时候，先要看看自己的家底。对于管理者来说，一定要看的是过去一段时间的财务数据，要看账上有多少现金，要看公司有多少人，还有多少大单要签等。对于老大来说，要看的东西则略有不同，他需要站得更高一些。看哪些东西呢？

首先，要看的是品牌。

不管什么样的企业，也不管在什么样的行业，品牌是企业老大首先要注重的。在某种意义上说，公司的品牌就像是一个人的名声。名声的大小与好坏，决定了这个人在别人眼里的“价值”。这就是个人的“品牌”。千万不可小看品牌的价值，这个价值的升降对于企业来说，影响的财务数字何止千万？

对于品牌价值的判断，在市场学专业里会有一整套科学的方法。但在不是大到可以花很多钱雇佣公关公司做市场调查的企业里，老板就必须有一套自己的办法，以及结合下属的配合去感受品牌的价值变化。其中，一个可行的办法就是跳出圈外。因为一个人在一个圈子里久了，就会产生所谓的“圈子意识”。也就是说，他会认为圈子里的事儿就是全天下的事儿。所以，如果一个圈子外头的人跟他说话，提到圈内某名人时圈外人摇头说不认识，圈内人就会像看外星人一样看着人家：“怎么可能？这样的大名人你居然会不知道？”

那些在行业内有一席之地的企业，尤其是占据了领先榜的企业，很容易把自己的品牌定位在“虚高”的位置。其中原因之一，便是这些人一不看公司外，二不看圈外，三不看国外，总是自我感觉良好；原因之二是追求一种心理上的满足。经常问到这样公司的老大：“您到底排第几啊？”老大会挠挠头，“唉，其实前三名都差不多，A 可能比我们强一些，但我们肯定比 C 强。”其实，他们基本上还在“保四争三”的水平上。

所以，对品牌的判断，最忌主观。

第二，要看产品。

曾经参加了一个公司的讨论会。这个公司是做大众消费品的，会上一个与会者问公司老大：你多长时间用一次自己公司的产品？老大猝不及防之下吐了真言：一年多没用了！老刘当时心里就“咯噔”一下：一年多？互联网时代，一年的时间足以毁灭无数家公司！这哥们儿居然对自己的产品如此轻慢，这个公司是不想活了吗？

看过很多大佬的文章，说创业公司的老大一定先要是一个优秀的产品经理。但自从人类进入21世纪，互联网浪潮席卷全球，改变了人类的生活方式以来，对于企业的战略竞争力似乎从产品转向了“业务模式”。虽然严格地讲，“业务模式”（business model）本身就应该包括产品在内，但许多人更喜欢把“怎么卖”排在“卖什么”之前。对此，老刘坚持保守观点：产品，对于公司的长期战略竞争，是最核心的竞争力所在。虽说“酒香也怕巷子深”，但前提是你必须先有好酒啊！

老大不需要去追问产品的技术细节，甚至都不用管产品的具体内容，可你必须清清楚楚地知道自己的产品能干什么。只有这样，你才能完成你的关键任务：判断产品与市场上的客户需求的契合度，特别是产品的走势和市场走势的契合度。这样的判断基本上不可能在办公室里完成，最好的办法是去拜访客户，同时也不妨听听业内专家的建议。你要清楚，自己的产品和竞争对手的产品相比，其优势和劣势都在什么地方。对此，你首先要想怎样扬长避短，接着要想如何使长的更长，短的变长。

在上一节关于对手的部分，我们说到两个问题：客户为什么选择我们？客户为什么选择对手？其中，相当大的成分是在产品上。

第三，要看客户。

必须要盘点你的客户。如果你是做企业市场，以大客户为主，你就要知道自己有哪些大客户，这些大客户里哪些是忠诚的客户，哪些是摇摆的客户，哪些是要争取的客户，哪些是竞争对手的客户；如果你是做大众市场，你就要清楚你的客户是什么样的人群，有多少，客户质量或更直接地说客户的付费意愿怎么样。

第四，要看你的盈利模式。

盈利模式和几件事有关。

一是客户（用户）关系。你与客户的关系是 B2B、B2C、C2C、C2B、B2B2C、C2B2C、B2G(government)，还是 D2C (design to customer)？而这个关系的结构决定了谁给你付钱、怎样付钱、付多少钱，以及付钱的行为特点是什么？当年 Dell 的成功，其实就是在客户关系上截掉了中间的渠道环节，按需定制。靠这一点，便造就了一个世界顶尖的超级企业。

今天的客户关系变得复杂了。其中一个重要的标志就是，客户（customer）和最终用户（end user）不完全是一群人。譬如，媒体属性的互联网企业主要是靠广告获得收入，可他们最主要的内容消费者却不是广告主，而是不付钱的网民。客户和用户的需求经常会发生矛盾，企业经常纠结于挣钱和满足网民的需求之间。如何正确地处理好二者之间的关系，是保障企业短期收入和长期收入的核心。

二是收入模式。收入模式是指，你给了客户什么样的价值，让客户愿意为你付钱，也就是你获得收入的方式。卖产品是最常见的方式，其次就是卖服务，以及租赁、广告（一种特殊的产品）。卖服务的方式在各行各业有着不同的模式，譬如各种外包，开发外包、运营外包、教育培训、物流仓储都算。另外，还有一种就是授权，也是软件行业、媒体行业和网络游戏行业的主要收入来源。当你购买了一款软件，譬如 Windows，实际上并没有买来 Windows 的产权，而只是买来了使用权。所以，你付给微软的叫作“授权费用”（license fee）。专利的授权也是如此。

收入来源方式的转变及创新经常是革命性的，免费模式的出现就是如此。譬如软件行业，原本软件是靠着收取授权费获利的，但现在大家在电脑上使用着很多免费软件，尤其是在智能手机上的免费应用就更多了，那厂商拿什么来获利呢？一是广告，二是服务，三是通过为合作伙伴的业务增值来获得分成。比如，某些业务是和电信运营商分流量的，某些业务则是因为能够为保险公司带来新客户而在保险费上分成的。

三是营销渠道。对很多业务来说，渠道是产品走向市场的必由之路。一方面，企业靠渠道获得客户资源，得以将产品和服务提供给最终用户；另一方面，渠道也从厂家的利润中分得一杯羹。渠道伙伴是业务伙伴中很重要的一种，甚至可能是业务成败最关键的环节。

某年某组织搞“中国IT渠道年会”，请老刘去讲讲。老刘就跟人家说，“厂家和渠道共赢”这句话根本就是扯淡。因为相对于厂家和最终客户的关系，“客大欺店、店大欺客”这句古话在厂家和渠道之间反映得最淋漓尽致。他们之间的关系，永远处在一种利益较量的“动态平衡”之中。在厂家比较弱小的时候，他会把渠道当成客户一样服侍伺候；在双方“势均力敌”的时候，就会维系一个“伙伴”关系，有来有往；在厂家变得很牛的时候，渠道基本上就是个雇员。做得好奖励一下，做不好就炒你的鱿鱼。其实，倒过来也是一样。这样说可能太过赤裸裸了，不过这是事实。

不管怎样，渠道是极重要的业务资源，正确地判断你和渠道之间的关系处在哪一个阶段，是关乎这个资源能否最好地发挥出其价值的关键。

四是成本结构。成本结构和业务本身关系紧密。对于软件公司来说，边际成本几乎为零，但开发成本巨大。对于汽车行业来说，虽然可以通过规模经济降低边际成本，可毕竟它需要零件、需要组装，所以边际成本仍然很大。所以，软件互联网行业的主要成本是人，汽车行业主要成本是厂房和零部件。然而，成本结构的组成分析，以及如何调整才能降低成本，主要是财务专家干的活。可老刘不懂财务，所以就不在这里胡说，免得丢人。

最后，看看你的口袋。一切的一切，对于企业来说，没钱都是瞎扯。现金流就像是一个人的血脉一样，一旦断了就完事大吉。所以，你的账上要留几个月的工资，自己要心里有数。这真是应了那句话：“钱不是万能的，可没有钱是万万不能的。”

第五，要看你的人。

看人有两个维度：数量和质量。我们先说数量，曾经有两个极端的老板，一个是喜欢“规模”，最喜欢“加人”，总是斥责人事部招聘不利，甚至在业务亏损的时候，还在逼着人事部多招100个应届毕业生。100个大学毕业生，加起来可能要数百万甚至近千万的成本，从哪里挣出来呢？招这些人进来干什么呢？没人知道！说实话，真不知道这老兄是怎么想的。另一个老板则相反，业务增长50%，却要求人事部精简人员，甚至在新的一年中业务还要再增长50%，可不允许增加一个人。结果呢，他居然做到了！

这说明一个问题：企业里总是有没用的人和不完全有用的人。只要你用心，就一定会发现。说到这里，想起一个题外话。我们总说企业要做大做强，“大”不用说：营业规模大、市场份额大、人多、业务覆盖区域宽广等，都是衡量一个企业大不大的标准。然而，怎样衡量一个企业“强不强”呢？老刘有一个说法，也不知对不对，如果又和哪位雷同了，纯属“英雄所见全同”。

这个说法就是：看一个企业强与不强，要看其在行业内能不能长期保持人均利润的高位。

所以说，做大比做强容易。如果大而不强，就会像一个有病的巨人，不知道什么时候就可能轰然倒下；如果强而不大，最多是过小富即安的日子。但二者都不是有领袖雄心之人所为。就当下的中国企业来说，我仍然坚持我的一贯看法：做强比做大更重要。

把话题绕回来，接着说人的“质量”。这个话题很大，很多话放在这本书的后面说。这里说的是，要判断公司整体人员的“能力”是否能满足业务发展的要求，以及与同行或竞争对手相比公司人员的能力平均值是在哪个水平。如何判断？这好办，让你的人事总监给你设计一份人员能力评价指标，照着看就行。实在不行，也可以让人事部门去做一个能力调查。

当你看公司里谁不顺眼的时候，还是多为提升公司的整体人员能力想想办法吧。

总裁的家庭作业

1. 在以下几个核心资源中，你最大短板是哪一块？对你的战略影响是什么？如何解决？

- 品牌资源
- 产品资源
- 客户基础
- 收入能力
- 人才基础

2. 你的业务模式是否清晰？各环节之间是否有漏洞？怎样弥补？

| 第五节 |
差距分析

在了解自己的“家底儿”之后，就需要检讨了。检讨公司和你自己，还存在什么样的差距。这个差距可以大致归为两类：一类是业绩差距，一类是机会差距。

业绩差距很容易理解，就是你实际达到的业绩和计划（预期）业绩之间的差距。业绩差距的形成，大多是由于执行层面的问题，但前提是对市场的判断和战略的制定没有错。在这样的前提之下，管理上的问题、组织上的问题、用人上的问题，以及执行中战术的应用都可能是造成业绩差距的核心原因。然而，在成长型企业中，业绩的差距往往不是执行层面的问题。因为对市场过于乐观和过于悲观的估计，都可能造成预期和实际结果之间的重大差距。

而机会差距最重要的原因，则首先是对市场的认识出现偏差造成的。举个例子。对于移动互联网的兴起，最早看到机会的是诺基亚（Nokia），实际上，微软也同样看到了。但是，由于这两家公司的领导层对这个新兴市场崛起的速度认识不足和对自己产品过分的自信，使他们在这个新市场上失去了原本可能得到的领导地位。这就是典型的机会差距。造成机会差距的原因除了领导者的认识之外，产品研发能力不足，没跟上，市场竞争策略不对，被别人抢了市场甚至被竞争对手抢走了人，都可能是造成机会差距的重要原因。

在差距分析中，重要的是要分析出具体存在的差距，避免用“不足”“有差距”“不够好”之类似是而非的表述；要找出根子上的原因（root cause），避免轻描淡写地说因为“不够重视”“认识不太清楚”“行动慢”，尤其不能一味强调“竞争对手太强大”“竞争对手抄袭了我们的做法”等推卸责任的说法；最关键的是，要给出改进的措施，坚决不能接受那种“提高”“改善”“加强”“争取”一类骗人骗己的所谓“改进计划”。只要是措施，就必须是可操作的，必须是一份明确了“做什么、谁来负责、检查要点和完成时间”的计划。

总裁的家庭作业

1. 对你公司的业务做一个简要的差距分析，找出其中最主要的问题，并且找出差距产生的原因，同时制定缩短差距的措施。对于每一项差距，指定专人负责整改，确定整改目标，定期检查，限期出结果。
2. 针对市场洞察，分析公司未来的业务机会和业务风险，并为新业务布局。

| 第六节 |

确定目标

好了，现在你的愿景已经清楚了，使命已经确定了，战略意图有了，外面看了，里面也看了，差距摆在那儿了。下一件事，就是确定目标。

不要一提目标就想着数字。虽然，有数字的目标是重要的，我们叫它“财务目标”。但是，实现财务目标在某种程度上是公司管理层的事情。作为领袖，你最应该关心的目标叫“战略目标”。战略目标的衡量，不是销售额，也不是利润，而是一个比起硬梆梆的销售额和利润更要命的指标：市场地位！

市场地位是一个略为复杂的指标。就算你的销售额在行业里排世界第一，也并不能说明你的市场地位就是老大。一个典型的例子是当年 IBM 卖掉了 PC 业务，惠普曾一度在销售额上占据世界第一的位置，但市场上有谁把惠普看成老大呢？

老大的市场地位要有什么呢？首先，要有“精神领袖”的风范。IBM 天天在强调公司的“思想领导力”（thought leadership），为的就是让公司永远站在市场的前沿，为行业指引方向而不是跟在别人的屁股后面跑。20 世纪 30 年代 IBM 提出“思考”（think），1950 年 IBM 提出“世界贸易推动世界和平”(world peace through world trade)，进入 21 世纪 IBM 提出“电子商务”（e-business）“信息随需应变”（information on demand），到 2008 年 IBM 提出了搅动世界的“智慧地球”（smarter planet）。说它搅动世界，是因为至少中美两个大国的领导都被这个新概念所吸引。不管这个概念的内涵怎样，IBM 提出来后，整个世界就几乎只有学习的份儿。什么是领袖？这就是！

IBM 的这些“口号”，绝不是凭空而来。而是公司常年站在市场最前沿并致力于创新的结果。和其他公司（苹果、谷歌、Facebook）不同，IBM 并不靠哪一项创新取胜，然而每一个口号的提出都是无数创新的聚合。“智慧地球”尤其如此。

所以说，市场地位首先表现出来的是话语权。不是你有没有权利说话，而是在这个世界上有多少人信你说的话，有多少人唯你马首是瞻。

这种地位的由来，必须有一个坚实的基础。这个基础叫作“市场占有率”（market share）。在成熟的业务行业，譬如 IBM 所在的行业，市场占有率和它的营业额是线性的关系，和竞争对手的关系也是此消彼长的。但在新的领域，这个公式被打破了，“市场占有率”被“市场渗透率”（market penetration）所替代。譬如在电子商务领域，企业利润已经变成了可有可无的东西，大家要比的是，看谁跑马占地的本事强大。对此，老刘多有微词且很不以为然，但是现实如此，不知今后如何。

常常看到公司声称是“×××行业第一”。首先，第一是别人说的，不是自己说的；是客户（用户）说的，不是报纸网络说的。其次，在大多数行业里，衡量行业座次的首要指标仍然是市场占有率。

几乎每个老板都知道市场地位给自己带来的巨大价值，但不是每个老板都像老刘当初的老东家 IBM 那样对市场占有率那么在意。老刘清楚地记得，某一年的大年初三，春节长假期间，终于忍不住犯了绝大多数 IBMer（IBM 员工的自称）的强迫症，一大早打开了两天憋着没看的邮箱，赫然发现老板转来的大老板的邮件，说我们的某个软件产品在中国市场上的市场占有率居然下跌了 0.5 个百分点，并强调“这很严重，不能让人接受。你们（指我所在的战略与企业发展部）必须行动起来，找原因、想办法。”其结果就是，专门组成了由全球资深副总裁指导、亚太区专家领导的战略研究小组，花了近半年的时间研究和制定中国市场的软件新战略。

与此相反的是，某一间公司在做业务检讨的时候，每个人都得意洋洋地说我们做得很好，在过去的两年中我们的业务收入一年涨了 80%，一年又翻了一番。然而，在听起来如此辉煌的背后，却隐藏着一个可怕的事实：在过去两年，该公司的行业市场排名直接下滑了 5 位！说明了什么呢？说明市场的平均增长率远远高过 100%，你翻个番不但不值得骄傲，反而应该觉得耻辱！不管你找出多少理由，事实是你正在被市场边缘化，你的话语权在迅速地消失。所以说，你做得很差，差到不能容忍！

如果老大容忍了，这个企业会怎样？市场地位就像是小学校里小学生的排名，就算你每次都考试 98 分，最后也不一定考上好中学，因为你排名太低。虽然对这种现象老刘作为家长和多数家长一样觉得无奈，但在商场上竞争比学生的"小升初"更加残酷。物竞天择，优胜劣汰。市场就是一个野生动物世界。

战略目标之后是财务目标，营业额、利润、回款、增长率，等等。前面说过，在相对成熟的行业里，战略目标和财务目标几乎是对等的，因为是"此消彼长"的结果。就算不完全对等，财务目标也是战略目标的一个核心因素。如何获得财务目标的增长，不是本书讨论的内容。但相对于大多数公司的各部门数字求和的简单加法，你可以从另外一个维度思考跟战略更近的增长结构。

你可以把业务划分成四部分：一、核心业务，也就是你现在的业务中最重要的部分；二、核心业务拓展，也就是基于或围绕现有业务基础在客户行业、客户区域、附加产品、新渠道等方面所做的拓展；三、新业务，通常是和核心业务相关的（不相关的叫作业务多元化，是另一回事）面对新市场的新产品、新业务模式；四、非组织性增长，也就是通过企业并购实现的增长。

这个结构的要点是，促使你不断创新。

战略目标和财务目标的关系如何呢？一般来说，财务目标是为战略目标服务的，所以战略目标高于财务目标。但也不是绝对的，因为毕竟企业是一个经济动物，它的终极目标仍然是财务目标，各个阶段的战略目标都是为这个终极目标服务的。个中滋味，还需老大们在实践中去慢慢领会。

总裁的家庭作业

1. 你的公司有战略目标吗？是什么？这个目标和公司的愿景使命有什么关系？
2. 你的财务目标是根据战略目标确定的吗？
3. 你要通过哪种方式达到你的增长目标？
4. 你的财务目标是 SMART 吗？

| 第七节 |

战略制定

目标确定之后，就要思考如何达成这个目标的战略了。

制定战略的核心，我们已数次强调过，就是满足今天和明天的客户需求。基于此，战略要回答的问题是：如何对变化的市场做出快速有效的反应？如何超越竞争对手？如何使业务获得增长？如何整合公司内外的有效资源，使之能够保证战略的实施？其实说到底就是，如何保证你的财务目标和战略目标的达成。

有本书上说：战略制定从根本上说，是一项以市场和顾客为推动因素的企业家活动；具有冒险精神、具有创造性、具有发现新型市场机会的眼力、具有敏锐洞察顾客需求的洞察力、有承担风险的兴趣，都是制定公司战略的本质需求。没有风险的战略是不存在的。

迈克尔·波特（Michael Porter）基于其著名的“五力模型”为传统市场总结出了五种竞争战略：对广泛消费群的总体低成本战略、广泛差异化战略，以及对细分市场的聚焦低成本战略、聚焦差异化战略、最优成本战略。其中，“差异化”的重点放在：产品（技术）、业务模式、销售渠道和市场着眼点。

在新兴市场上，就不仅仅是看成本和差异化就能解决的了。你必须要考虑：

·如何从“环境、行业、客户、对手、技术”的角度比别人更早获得更多有用的信息，以便对市场有更深入的洞察？

·如何获得领先别人一步的技术？你可以自己开发，也可以购买别人的。

·如何尽早、尽快、尽可能获得市场的大规模认可？这对于互联网、电子商务、移动互联网等需要“吸引眼球”，强调CSP（come, stay, pay）的业务尤为重要。

· 如何在适当的时候获得适当的投资？

· 如何使自己的业务尽快规模化，以降低成本？

· 如何使用创造性的营销手段，使自己的产品与服务的价值尽快转换成最大规模的客户价值？

· 如何通过与业内的重要合作伙伴建立起联盟，来扩大你的业务范围？

· 如何降低新客户的进入门槛？

· 如何获得优秀人才？

而在已经成熟或正在成熟的行业中，你就必须考虑：

· 如何做减法，修剪你的产品线，坚决甩掉鸡肋。这对很多创业起家的老板们是一件难事。他们不但对人有恋旧情结，对产品也有这样的情结。他们总是“期望”那些看起来很鸡肋的产品，哪一天能够“忽如一夜春风来，千树万树梨花开”，而舍不得丢掉。

· 避免同质化竞争，重视并积极实施创新：产品创新、流程创新、渠道创新等。就算你是“跟随战略”，也需要根据自己企业的具体情况进行差异化改造。曾听说过华为学习IBM经验的三化，即“先僵化，再优化，再固化”。其中，“优化”的过程就是差异化的过程。

· 想尽一切办法降低成本。

· 保住每一个大客户，不让竞争对手抢走。这对于面向企业级市场的业务尤其重要。对于面向个人的业务，则可以翻译成“保住每一个重要的客户群，不让竞争对手抢走”。

· 如何通过收购吃掉竞争厂商？这是在企业有了一定规模之后必须考虑的问题。事实上，没有一个国际上的大公司是完全依赖自身业务的增长成为世界级企业的，战略型并购和竞争型并购都是保证市场占有率增长和业务增长的重要战略措施。

· 国际化扩张。

另外，我们要花一点篇幅说说“多元化”。多元化原本是大型企业重要的扩张战略之一。但是，就目前中国企业的现状而言，老刘建议各位老大对多元化必须持十分谨慎的态度。一个典型的案例是联想。

21 世纪初，据说联想请来了某著名国际咨询公司，花了大量时间和金钱调查分析之后，给联想开出了一个药方：多元化。联想从善如流，一时间就形成了个人电脑、互联网、手机三个不同业务群。大家可能已经忘记了曾经名噪一时的 FM365，那就是当时联想在互联网业务上的杰作。

但三年之后，出现了重大问题。于是，据说联想又请来某著名国际咨询公司，又花了大量的时间和金钱调查分析之后，给联想开出了一个截然不同的药方：聚焦（focus）！联想依然从善如流，回归到聚焦个人电脑业务并取得了成功，并在 2013 年成为世界上最大的个人电脑公司。一来一往，几年时间。

（以上故事纯属坊间传说，不实之处望联想的朋友们谅解，只是举个例子罢了。）

反观 IT 界几家成名的公司。微软，几十年来始终围绕着 Windows 和 Office 展开业务，就算现在的手机操作系统 Windows Mobile，也没有跑出操作系统的范围。Xbox 虽算一个例外，但在其业务中占据的比重很小。从没听说微软要多元化，也没听说微软要做自己的手机。IBM 软件，自从 1995 年 IBM 确定了“只做中间件”的战略，二十多年不变，甚至没听说它要做新的操作系统（虽然它是操作系统的祖宗）或任何应用软件。Oracle，几十年都在做数据库，所有的收购都围绕数据库业务展开，曾经试图做网络计算机（NC），最终失败了。做搜索引擎出身的谷歌，能够做出如今名满天下的手机操作系统 Android（安卓），是顺应了市场的潮流，从自己的技术路线中衍生出来的。

当然，也有例外，譬如 GE，特别是韩国和日本的几家大公司，像三星、LG、NEC，以及当年的 Sony 都很成功。对此，老刘没有过研究，不敢妄言。

言归正传，怎样才能制定出一个“好”的战略呢？以下观点可供参考：

· 以战略目标为主要对象，不受短期财务目标束缚，对能够长期提高公司竞争力的战略行动必须给予最高和最优先的制定和执行。年度财务目标之下的业务战略在不同层次制定。

· 要保证战略的长期性和延续性，不可因短期利益随意改变战略。一个非常直接的理由是，和战略紧密相关的资源的分配。一旦战略确定，资源的布局也会随之而定。如果没有长期性和延续性，战略的改变就会引起资源的重新调整。不但要为之付出巨大的成本，还可能引起一系列的问题。

· 在战略的若干维度之中，必须明确地突出一个而不是全部。全部照顾到的战略叫“一般战略”——成本一般、质量一般、形象一般。这一点和战略的阶段性有关。不是说某一个维度要永远突出。但在任何一个特定的时间段，都只能有一个维度被突出，而不能是两个。

举个例子。一个门户类的互联网公司，有客户和用户之分。公司的营销体系，主要面对的是客户，即广告主。而内容和运营体系，则主要服务于最终用户。那么，这两家谁更重要呢？好吧，都重要。结果呢？就是两家天天打仗，耗费了无数的时间和资源，最后发现客户发展得不好，用户发展得也不好。

这两者之间的依赖关系是不言而喻的。没有足够的用户，客户就不会在你这儿投放广告；没有广告收入，就没有资金开发更好的内容和产品来服务于用户。他们原本应该是相互支持的，但如果你总是把他们放在一条平行线上，他们就会觉得自己比对方重要。在出了问题的时候，他们就不是在检讨自己的问题，而是首先去指责对方。

如何解决这个问题呢？先从企业的目标说起。如果在行业里同等用户规模的企业中，你的销售比不过别人，就说明你的营销出了问题。这时，你的首要目标是基于现有的用户规模增加销售，把用户价值更大地转换成客户价值。所以这一年，你的财务指标就变成头等大事，而内容和运营就成为实现目标的支持者。到了第二年，你的销售额上去了，又发现因为你的用户群不够大，影响了销售额的进一步提升。这时，你可能需要把提高网站的 PV 和 UV 放到第一重要的位置。营销团队继续有自己的业绩增长任务，对于他们的考核可能更加重视利润的大小，因为这样才能有更多的资金来扩大用户规模。如此轮回。

一般说来，产品类营销的维度有四个：产品销售、行业销售、渠道销售和区域销售。这是一个复杂的四维结构，一旦生意做大了，没有人能够逃得过。怎样管理这样复杂的矩阵呢？要点就是：突出其中的一维。以这个维度为先导，其他维度配合。

通常在市场成熟度比较高的行业和区域，比较适合产品销售，因为客户了解自己的需求，了解市场上的产品状况，了解厂家的产品，甚至是回头客或多次回头客。这些客户来跟你谈，你只需要跟他讲清楚你的产品就足够，剩下的就是价格和商务。但在市场成熟度比较差的地方，产品销售的玩法就不成了。因为客户自己都不一定清楚自己的需求，要你去帮助他，帮他做出需求分析，甚至帮他设计他需要什么样的产品。这其中往往还包括除了你之外的其他公司的产品，这时你就是个做解决方案的顾问。

在这样的市场，必须是行业销售挂帅。某公司曾经发生过这样的问题：原本的行业销售挂帅因为总部的要求改成产品销售。结果，几个产品销售去见同一个客户，内部先打起来，每个人都说“你给我多留点啊”，结果把客户都搞晕了。当客户反过来找他们，说你们帮我做一个方案吧，每个人都推脱说：“哎呀，这不是我的活儿呀，我也没有时间呀。”然后就不了了之，于是客户找别人去了。

根据对市场的深入分析，确定业务组成多维中的一维优先，是制定可执行战略的要点之一。

· 积极进攻，积极防守。积极进攻容易理解，积极防守怎么理解呢？不知道你看没看过一个非常经典的历史电影《南征北战》，这部电影 50 岁以上的中国人绝大多数都看过。其中，有一句经典的台词："我们今天大踏步地撤退，是为了明天再打回来！"这就是积极的防守。在企业顺的时候，战略会比较容易制定，因为主要是做加法。但是，在企业难的时候，战略就难，因为可能要停一停，搞搞"重组"，也可能要退一退，做一部分裁员，关闭一部分业务。这在企业发展过程中都是家常便饭，不必当成多大的事儿。关键是心态，尤其是领导人的心态，任何的停步，任何的后退，都是为了下一步的前进甚至冲锋。这就是积极的心态。那些因裁员就搞得走的人灰头土脸而留下的人垂头丧气的企业，要么是做事的人太笨，要么是领导的心态本身就不够积极。消极心态传递的是负能量，万万要不得。

· 保持战略的灵活性，随时审视。在市场发生重大变化时，及时调整或改变战略。前面说，要保持战略的长期性和延续性。现在又说要保持灵活性，不矛盾么？矛盾，也不矛盾。在长期性和灵活性之间，你要有一些折中。前面说过，任何的战略都有或大或小的冒险成分在其中，既然是冒险，就可能会失败。对此，你必须准备好行之有效的防范措施，在弯道时转弯，在撞墙时回头，以保证将战略的调整和改变的成本降到最低。

此外，在市场状况发生重大变化时，尤其是你失去了或迎来了重大的市场契机时，你的战略就必须主动、提前变化。"顺势而为，随潮而动"本身就是战略的要点。

· 竞争战略一定要聪明。正面进攻往往不是最好的办法，把敌人置于死地也不是好的办法。商场不是战场，只有永远的利益，没有永远的敌人和朋友。就像 Intel 对 AMD，可口可乐和百事可乐，"争财不争气"是制定竞争战略的基本原则。记住：在你抢了人家的饭碗的时候，人家是会拼命的。

·向强大的竞争对手发起进攻要谨慎，除非有强大的竞争优势或资金，或者另有目的。

·优势竞争获利更大。

·降价之前，需要想清楚，这是不是自己的底线？还有没有其他竞争手段？

从资源整合的角度可以反过来看战略。老刘总结出来一个简单的“**战略刘氏算术**”，跟大家分享一下。

第一，加法。最简单，人人会做。不信你看看。上到集团会议，下到小公司开会，大家的提案、建议，尤其是增长计划都是在做加法：“我要拓展新的市场领域，要开发新的产品，要对我们的ERP系统加以改造，要加强我们的渠道建设，要加大市场宣传力度……”随后可归为一句话：要人或要钱。这就是加法。

加法没有错。当初老刘在一家美国公司(SCO)工作，老板是一个威尔士人，他的一句话我总不能忘。他说：“在企业里，少花钱多办事是一种美好的愿望，可事实是，只有多花钱才能多办事。后来的观察也证明了他是对的。因为能花100元办成的事儿你花了200元，只说明你笨或浪费。而如果你花50元同样办成了，就说明那件事本来就能50元办成。”

在成长型企业里，加法是几乎天天要做的算术题。加法的要点其实就是“投资回报率”。投资回报率的评估，不是说你投入10个人100万，能不能产出300万；而是从长期的回报看，这样的投入能不能带来超过当下公司平均投入产出比的业务。投入产出比越高、来得越快、持续时间越长，这个加法就越值得做。

做加法可以总结为两个字：开源。

第二，减法。一句很俗很土被很多人说烂了的一句话就是：真正的战略不是说做什么，而是说不做什么。虽然说烂了，但这却是战略的真谛所在。战略上的减法，通常有两种情况。一种是被动的，也就是在企业的业务状况不好，发展遇到障碍的时候不得已把那些投入产出比较低的业务砍掉，或者把那些“投入产出比”较低的员工裁掉；第二种情况是，某些业务或某些人和老板的战略意图不符合，对未来的发展会造成障碍，战略上主动地砍掉。

做减法首先要过的是心理关。因为一旦裁员，就有可能在公司内外引起负面的连锁反应。其实这是对裁员的误解。很多公司的主动裁员是为了把公司做得更大更强。如果老刘今天听到某某公司裁员了，我会感到很高兴。因为它实际上是丢掉了身上的包袱，可以轻装上阵，发力跑了。但如果老大自己都觉得裁员减业务是一个“丢人”的事儿，你还是回家闭门思过三天再来吧。

做减法的第二关是执行。就像前面所说过的，不好的执行会给公司带来负面影响，一时间鸡飞狗跳、谣言满天飞，弄不好公司还因此伤了元气，好长时间才能恢复。其实，很多老大不理解，聪明地开除掉一个人比起傻傻地招进 10 个人，对公司的影响可能一样大，关键是看你能不能把坏事变好事。

做减法的第三关是“事后”。减法和加法一样，不是减了业务裁了人，公司成本下来了就完事大吉了，而是要从长远考虑这个减法的战略后续。就像 IBM 的减法，前前后后做了九年。先是 2004 年把 PC 业务卖给了联想，之后 2007 年把打印机业务卖给了一个日本公司，到了 2012 年又把 POS 机业务也卖了，芯片工厂也关掉了。之后还会不会继续出售“低附加值”业务呢?拭目以待吧。与此同时，IBM 的软件集团确实紧锣密鼓地买进了上百家公司，耗资数百亿美金。

所以，我们也简单地把减法叫作“节流”。

第三，乘法。乘法是要对业务产生 1+1>1，或者 2×2=4 的结果。这种结果通常是由“协作”产生出来。这样的“协作”分为企业内部门间的协作和企业与外面伙伴的协作，包括技术的和产品的，市场的和渠道的，资本的和资产的。企业内部的协作能不能产生“乘法”的效果，则看老大的本事。

一个典型的例子是通过资本运作“以小搏大”。一个朋友，在某新兴产业，原本自己创业，带了一个几十人的小团队，因为商业模式问题，生意虽然做得不错，做到了几千万的规模，但现金流经常紧张。有一天，机缘巧合，他遇到了一个境外上市公司的大股东，两人相谈甚欢，他在那个行业里的一些新理念打动了那个正在为公司生存和发展极其头疼的大股东。之后，用了两年的时间，通过与若干行内伙伴和投资界伙伴合作，成功入主那家上市公司，成了该公司的大股东。这就是通过多元合作，以小搏大的例子。

所以，我们管乘法叫“协作”。

第四，除法。除法就是合并同类项。IBM 有一个概念，叫作“全球整合企业”（GIE——Global Integrated Enterprise），其中一个重要的策略，就是“在正确的地方做正确的事”（ Do right things at the right places ），于是乎，他就把一些“正确的事儿”集中到“正确的地方”去做，当然那些个“不正确的地方”就不能再做了。

除法强调的是整合，去掉所有重复使用的资源，让各种不同资源更加有效地在一起工作，产生巅峰效益。所以，除法的要点就是“整合”。

最后，乘方。也就是能让自己的业务发生革命性突变、数倍增长，超越对手。而做到乘方的关键是创新，也是我们下一节的主题。

总裁的家庭作业

1. 你有没有为你的战略目标制定实施的战略？
2. 是不是每一个具体的目标之后都有一个战略保证目标的实现？
3. 公司层面的战略是不是一句让所有员工都很容易记住的话？
4. 战略是不是清楚地说明了“做什么，怎么做，不做什么”？
5. 战略是不是具有冒险性？
6. 资源对于战略实施的保障性如何？

| 第八节 |

创新，从自己开始

“创新”一词，在中国过去的十年里恐怕是媒体提到最多最频繁的词语了。在很多公开的场合，你要是不讲“创新”都不好意思登台。

关于创新，老刘有几个观点。

第一，创新不是空中楼阁，没有基础和支撑的创新都不会成功。譬如管理创新，前些年我们很多的国企都在“管理创新”上下了很多功夫，但有些企业的收效不如预期，甚至越搞越乱。为什么呢？因为他们“穿越”了。老实说，他们整个管理甚至还没有形成体系。很多企业仍然延续着旧体制。所以，也就是体制的转变都还没有完成，就在那里大谈国外先进企业如何如何，要大胆创新赶上世界一流企业云云。感觉上，就如同一个幼儿园的小朋友，说我要通过创新超过刘翔。您还是先把身体长好了再说吧。

第二，创新是一把双刃剑，在刺向未来的时候也会割掉过去。这是很多企业在创新机制上没有考虑到的问题。一个新产品的出现不但会把旧的产品否定掉，而且可能会彻底否定旧的销售体系，甚至否定了现有销售体系中的人，包括销售副总裁都要考虑换掉。你能够承受这样的风险吗？

第三，创新是有成本的，如果创新不成或创新方向有误，则代价巨大。因此，必须把创新的代价控制在可接受的范围之内。这也是很多企业在创新上小心翼翼、放不开手脚的重要原因。相对来说，技术上的创新由于技术到产品需要一个过程，所以风险还容易控制，而业务模式上的创新就必须谨慎为之，因为代价太大。企业不可以“摸着石头过河”，因为你不知道哪一块石头会把你绊一跤，甚至让你一沉到底。所以，政府的“试点”做法可以借鉴。

第四，创新并不一定是无中生有的，创新可以是调整、提高、改善、改良、改革、革新和革命。在人们对创新的误解当中，有一条就是创新必须是一场革命。其实不必，尤其对企业来讲。任何有利于提高生产力，有利于改善生产关系的措施，不管是一大步，还是一小步，都可以列入创新的范畴而予以鼓励。学习和借鉴也可以是创新的一种，百度的成功就是借鉴了谷歌的成功。但学习和借鉴不是拷贝，不是抄袭，拿来不消化、不优化、不创新是不能成功的。

第五，如果你的企业不是足够大，不能在预期的时间内产生效益的创新最好不做。大公司如IBM和微软，都有自己的研究院，如今我们国内的很多大企业如华为和联想，也有自己的研究院。IBM和微软的研究院因为我近距离接触过，了解一些。知道他们所做的研究，大多数是五年乃至十年之后才能市场化的技术。这是因为他们在市场上的地位，也是他们要保持市场领先所必需的。即便如此，对于不能确定在预期时间内产生效益的研究也会停下来。IBM当年就在中国成立过一个据说超过200人的队伍，研究普适计算（pervasive computing），两年之后项目就“下马”了，队伍解散。据说其原因就是“不能确定在预期时间内产生效益”。虽不能确定故事真假，但老刘确实见到过这个项目组留下的可以用“丰富”来形容的研究成果和半成果。我甚至相信，这些成果或半成果拿出任何一个都可能成就一个创业公司。

第六，对于已经确定的创新，要有一个科学的实施计划和支持计划。一个创意的产生往往不是一个“科学”的过程，而是一个“奇想”或“突发”。但是，创意成为创新并转换成价值，则是需要一个也许不那么创新的，甚至有些古板的实施流程和支撑计划，其中甚至不乏监督。只有这样，创新对企业来说才是真正有意义的。

不管怎样，创新仍然是一个企业做大做强，在竞争中获取胜利的几乎唯一的途径。IBM之所以能够数十年在行业中称雄，其中一个“秘密”就是，IBM 曾经连续十多年成为在全世界单一企业获得技术专利最多的公司。所以，在诺基亚式微，要出售公司的办公大楼时，我就想过，如果哪一天 IBM 也缺钱了，会卖什么呢？也许最先考虑的是它成千上万的专利。据说，IBM 获得的专利比英特尔、惠普、Oracle、微软和苹果获得的专利加起来还多。

在 IBM 十二个字的企业价值观“成就客户、创新为要、诚信负责”中，“创新为要”的位置十分显要。

IBM 甚至把创新搞成了一个“全民运动”。在老刘为 IBM 工作的时候，就赶上了 IBM 第一届的“Innovation Jam”，公司邀请全球 40 万员工一起参加，提出任何自己认为创新的点子。若干年后的今天仍然记得大家高涨的参与热情，仍然记得最后全球评选出来的前十名的创新建议中有一项叫作“无线充电”，到 2012 年 IBM 宣布无线充电技术已经有了关键的突破。也许不久的将来，我们出门必带的手机、剃须刀、电脑、Pad 等都不再需要为充电发愁了。因为你的电源就在空气里，像无线信号一样。

那么，企业的创新从什么地方入手呢？ 2006 年，IBM 曾经为此总结出六种创新方式。我们不妨借鉴一下，这六种创新包括：

· 产品创新

· 服务创新

· 业务流程创新

· 商业模式创新

· 管理与文化创新

· 政策与社会创新

在国内企业中，大家最注重的是在产品、服务和业务模式上的创新，很少人关注业务流程、管理与文化的创新。事实上，这两种创新所产生的效益可能一点儿都不小于前三种。至于“政策与社会创新”如何在企业中实现，老刘没有认真研究过，不敢妄言。

写了这么多关于创新的话，回归到本节的主题：创新，从自己开始。

成长型企业的老板，大多数是看着和跟着企业一起长大的，他就是这个家的成员，就是这个家的家长，多年或十多年，思维做事已经形成了一个相对固定的模式，要突破这种模式，就需自我创新。

自我创新的要点首先是自省。在谈到完善自我的时候，我们强调了思考的重要性。自省则是最重要的思考方式之一。孔夫子讲了那么多话，其后人在编写论语的时候，第一页就写下了“吾日三省吾身”的孔夫子语录。也就是说，人要每天做几次自我检讨，要在“灵魂深处爆发革命”，要敢于否定自己。对于普通人来说，一年能检讨一次就不容易了。这个大概就是普通人和圣人的区别。人间之领袖，不是神，也不是仙，在某种意义上，他是“圣”。“圣”从何来？俗语说“超凡入圣”，只有超越凡人，方可入圣。在自省中肯定和否定，在肯定和否定中创新自己，是走向圣贤的必经之路。

在企业，最重要的是老大要创造一个鼓励创新的环境。不要人家一说什么不合你的意，或者超出你的智力范围，你就斥之为“胡思乱想”“胡说八道”。

从战略上讲，创新是战略制定的核心。可以说没有创新的战略是没有什么价值的。

在本书写作过程中，我看到2013年一季度IBM的财报：营收为234亿美元，同比下滑5.1%；净利润为30.32亿美元，同比下滑1.1%。IBM第一季度营收和每股收益均不及华尔街分析师的预期，推动其盘后股价下跌逾3%。面对这样不好的业绩，大家都在讨论IBM的创新问题。就老刘的所见所闻所思，总结了IBM创新所面临的八大问题如下：一、缺乏颠覆性；二、新概念老产品；三、新技术产品化太慢；四、过于依赖收购；五、没有商业模式创新；六、只有大船，没有小船；七、缺乏高层创新人才引进；八、满足于稳定增长。（是否在理，也请高人指点。）

总裁的家庭作业

1. 企业创新体系的建设最重要的是建立鼓励创新的氛围，你的公司有这样的氛围吗?
2. 不要用传统的激励方式激励创新，大多数的创新者更在意他的创新是否被企业认可。这种认可的具体表现在企业给他的实际支持上，包括人和钱。你是怎样激励创新者的?
3. 企业有没有创新能力，要看老大是否有敢于承担失败的魄力。你是稳稳当当地在别人后面亦步亦趋呢? 还是在思考和实施通过创新“弯道超车”?
4. 创新需要一套机制保证，譬如畅通的渠道、评估、认可、检查、总结、推广等。你有这样的机制吗?
5. 你的战略中有多少创新成分?

| 第九节 |

抓住“关键任务”

目标和战略确定之后，下一步就是“落地”的问题。

落地的关键环节是，把“战略”化成一个个具体可执行的“关键任务”。一般来说，“关键任务”的描述中以下若干要素必须是清晰的和具体的。

· 任务目标，即完成这个任务要达成什么样的结果。遵照之前讲到的SMART原则，至少要做到可衡量。

· 任务负责人，是任务的直接负责人，不是他的“监管”上级。负责人必须有一个，而且只有一个。

· 任务描述，即简单总结这个任务的几个关键。

· 任务分解，即把一个大任务拆分成若干子任务。

· 行动计划或里程碑。每一个子任务按时间从开始到结束分列成若干行动，并且要明确列出行动之后期望的结果，就是里程碑（milestone），也叫检查点（check point）。

· 检查"粒度"。也就是，检查里程碑之间的长度。一般说来，任务总长度超过一年的检查"粒度"不能少于每季度一次，短于一年的可以是每月一次，短于一季的可以考虑每周或双周一次。

· 分项负责人，即每个子任务的负责人，必须有一个且只有一个。

· 时间。明确项目开始和结束的时间。

· 进度控制，即每个检查点的检查结果记录：完成、未完成。

· 支持单位。也就是你要完成这样一个关键任务需要什么单位什么人的什么支持。通常会要求在这个关键任务的计划被上级通过之前必须完成和支持单位的沟通，甚至签订相关的支持协议。

对于公司老大来说，你所需要关心的是，在你制定的发展战略之下，公司层面的几个支撑战略实现的关键任务。

所谓公司级的关键任务，其特点就是直接支持公司战略目标的实现，并且一般不是公司哪一个部门能够完成的。（某些极其关键部门的关键业务因为对公司整体业务的重要性也可能成为公司级的关键任务。）譬如重大的业务转型，业务模式调整、多元化和国际化、关乎多部门业务提升的跨部门的行动，等等。

既然是关键任务，就只能是非常有限的几项，如果你整出来20项，那就不是关键任务，而是任务列表了。

部门级的关键任务交给部门经理和副总裁们去操心。公司级的关键任务则是CEO和董事长级的老大们必须亲自制定、亲自监督，甚至亲自介入的任务。

总裁的家庭作业

1. 在公司层面，你有几项为实现长期战略的关键任务？
2. 作为公司老大，你认为自己要负责的关键任务是什么？
3. 每一个部门的目标战略最后都要化成几项关键任务，你如果要把握各部门的业务状况，最好的办法就是检查他们的关键任务完成得如何。你有这样的机制吗？

|第十节|

结构服从战略

“组织结构服从战略”本应是天经地义的事，但也有例外。比如像 IBM 这样的公司，大中华区作为一个区域性分支，不管你有 3 万人还是 10 万人，也不管你一年是 50 亿美元还是 60 亿美元的销售额，更不管你的市场有什么与美国市场不同之处，你的组织结构都必须和美国总部保持一致。老刘当初在 IBM 的时候，就发现在其“行业”部门中，一个叫 Distribution 的部门很奇怪，因为它实际上不是照我们通常的理解做分销，而是负责一个叫 T&T 的行业，就是旅行和交通（Travel and Transportation）。这个部门的销售额大概连另一叫金融服务系统（Financial Service System——FSS）部门销售额的 1/10 都不到。我就纳闷儿为什么他们还会是平行的部门，后来知道了，因为美国是这样的，所以中国就必须是这样。在 IBM 大中华区，就是“战略服从结构”。你的地区业务战略必须在规定好的不能改变的组织结构的框架内制定和实施。

还有一种例外就是某些有坏习惯的老板。不知道是不是所有的老板都有这样的习惯，反正老刘见过不少。企业开会，某同事提出来应该开展新的业务 A，老大当即拍板说：“好！我们成立一个新的部门，就做这个建议中提到的新业务。”另一个会议，部门之间因为一些问题协调不成，就有同事建议说，“哎呀，如果我们有一个业务协调部门就好了。”老板听了竖大拇指，“好！成立一个业务协调部。”

这种随意设立新组织的做法造成的结果非常恶劣。一个不到一千人的公司，光有名有姓的部门就有将近百个，分了好几层。公司里挂有“主管、副经理、经理、副总监、总监、助理总经理、副总经理、总经理、助理总裁、副总裁、高级副总裁”头衔的人超过200人。公司开经理会都要租大礼堂！关键问题是，老板自己设了多少部门他自己都记不住，时间一长就忘了，可是也没有人敢撤销，甚至到最后没有人能撤销。为什么呢？你要是给撤了，那个部门的“总监、副总监”或“总经理、副总经理”干什么去呀？在“官本位”横行的中国企业里（让人无法想象的是，在许多民企、私企也是如此），这还真是个大麻烦。人事部总监最怕的事情之一就是画公司的组织结构图。为啥呢？一是因为老板设立新部门的时候人事部不在场，完全不知；二是变化太快，你今天画完了，明天就可能改了；三是太过复杂，一些三级部门甚至四级部门的归属连他们自己都搞不清楚。

这样的组织结构效率能高才怪！

那么，结构应该如何“服从”战略呢？一个可循的途径就是根据你的关键任务设定，你的组织怎样设计最适合关键任务的完成就怎样调整。以前我们经常会听说哪个外国公司又“重组”（Re-Organization，简称Re-Org），并且重组还挺频繁，感到奇怪。后来明白了，那通常是因为他们制定了新的业务发展战略。

组织结构的调整，不是部门换了牌子、换了负责人、布置了任务就万事大吉了。与之相关的内容还包括：业务流程设计、资源分配、决策机制、考核和激励、部门间协作等都必须同时考虑进去。

需要重点说几句的是流程。流程这个东西，在很多像IBM那样的大公司里是一个众人痛恨的东西。因为它的流程的确是太多、太复杂了。你出差一个星期，回来在电脑上填单子报销就得用上半天的时间，所以严重影响效率。但大公司之所以有这样繁琐而影响效率的流程，其关键在于他们在用效率换安全。因为相对来说，安全问题带来的损失可能比工作效率低带来的损失大得多。两害相权取其轻，大家费点事儿就费点事儿吧。

可在很多成长型公司里，流程的缺乏却让人吃惊。你问老大，老大说“这事儿我们有制度啊”。他可以给你搬出300页的“某某公司管理制度汇编”证明公司确实是有制度的。但他不能很好地解释为什么这些制度大部分没能得到贯彻和执行。其最重要的原因就是，没有流程。

没有流程约束的管理制度是一张废纸，而没有落实在电脑系统上的流程也会是摆设。

最有代表性的就是决策流程了。在本书第一章，我们说领袖要决断，甚至有时要独断，但这并不是说就要完全抛弃流程。至少对于管理层来说，一个清晰的决策流程是必须的。不然，下面的人会感到无所适从，朝令夕改的事情也会经常发生。如果你是领导，你也要遵循这样的流程，如果你做了领袖，可以超脱一些，但若干重要决策还是需要走过那个流程，才能服人。

流程也是组织间（尤其是部门之间）协作的基础。因为流程确定了各部门的职责并定义了部门间的“接口”，好的流程甚至会把部门间的利益关系在流程中描述清楚并通过流程本身加以解决。

如果我们说，在战略层面上，公司战略制定的基础是客户需求分析的话，那么在执行层面上，整个执行体系的基础就是流程。

总裁的家庭作业

1. 你现在的组织结构是什么时候确定的？当时为什么要这样定？
2. 从那时到现在，市场发生了什么样的变化？现在的组织结构能适应吗？
3. 你是不是每制定一次新的战略就对组织做一次相应的调整？
4. 你有没有随意设立组织的坏习惯？
5. 做组织调整的时候，你认为最困难的因素是什么？是人还是业务？
6. 你公司的每一个制度后面都有着相应的流程吗？部门和部门之间的协作是不是以流程为基础？
7. 在组织改变的时候，相应的流程是不是做出了相应的改变？

| 第十一节 |

用文化保证战略实施

曾经和一位朋友做过一次十分有趣也有益的讨论，讨论从企业要“以人为本”开始。

朋友：很多企业都说以人为本，老刘你怎么看呢？

老刘：那我反问一句，企业为什么要以人为本呢？

朋友：这很简单啊，因为企业是人组成的，没有人，谁来干活儿呢？

老刘：你有没有听说过中国人有这样一句俗话：“三条腿的蛤蟆不好找，两条腿的人有的是”？

朋友：你这是抬杠。你知道我说的不是简单意义上的人，而是人才，对企业有用的人才。

老刘：那也要看什么样的企业？

朋友：有分别吗？

老刘：当然有。对于初创型企业来说，一个关键岗位的人才能力可能决定这个公司的生死。但对于成熟企业来说，任何人才的“个体”都已经变得非常不重要，最重要的是公司人才的整体能力。从另外一个角度来说，人才和公司的关系也是一种商业关系。如果企业有足够的吸引力，人才自然会投进你的怀抱；如果你不够强大，你就只好用二流甚至三流人才。但老刘自己对这种人才“分流”有不同看法。我认为小公司的人才往往比大公司的人才能力更强。

朋友：那么以你在微软和IBM工作的经历，你认为他们是以人为本的吗？

老刘：是，也不是，看从哪个角度说。我在微软，学过这样一句话："Everybody is important and everybody is replaceable"。意思是说，每个人都重要，同时每个人都可以被替代。在IBM，如果你是个经理，你想炒掉你的一个下属是件很难的事儿，人事部门会根据流程告诉你，他如果做得不好，你还是先让他进入PIP（Performance Improvement Program，一种让后进员工改善提高的机制）吧。PIP三个月，你觉得还是不行，人事部会说，再给他机会吧，不然给他换个部门？听起来真的很爱护员工，但事实是，IBM离开了谁都没问题。别说一个普通员工，就是副总裁、高级副总裁走了，对公司业务也没什么影响。因为公司所有人都只不过是一个庞大机器上的一颗颗螺丝钉而已。组成那个庞大机器的叫"系统"，或者叫"体系""管理体系"。所以，在企业里，比人重要的是体系。在体系里，人的个体作用被弱化。每个人的行为都按照以流程为主要内容的体系规定好了，要么你按照要求去做，要么你就走人。

朋友：这样会不会影响公司的创新能力呢？

老刘：会。但是如果公司有一个创新的体系，就不会有太大影响。毕竟，不是公司里每个人的工作都需要创新。

朋友：明白了，那么还有没有比体系更重要的呢？

老刘：有啊。在企业里，比体系更重要的，是文化。

朋友：哦？体系和文化，有区别吗？

老刘：当然有啊。文化是建立在体系之上的。或者说，文化是体系长期发展、不断完善的结果。对于员工来说，体系是对行为的一种约束，而文化则是公司里大家都自然遵循的"潜规则"。但同时，文化也会受到很多其他因素的影响，其中一个重要的因素就是公司老大。

朋友：你能举个例子吗？

老刘：可以。大家都知道，IBM 在销售上是采取“群狼战术”，也就是任何一个项目都会有若干人在其中配合。你常常会看到这样的场景：IBM 一组人去见客户，到了客户那里，把客户撂在一边，自己家里人先换名片，相互寒暄。原来他们很多人之间是不认识的，他们分散在世界各地，他们只不过是为了这个客户、这个项目组织起来的一个“虚的队伍”（Virtual Team）。可以说，在 IBM，离开了“合作”“协作”你几乎是寸步难行。这也是为什么很多有经验的有能力的人到了 IBM 不久就离开了，因为他们实在受不了 IBM 那种啥事儿都得求人的做法。可是，在 IBM，如果你会“求人”，可以说你就没有办不成的事儿。这就是文化。

朋友：还有比文化更重要的吗？

老刘：有啊，企业文化的长期积淀最后会形成一个企业的基因。

朋友：你再举个例子吧。

老刘：这个扯得有点远了。比如说，IBM 是大型机文化，几十年来，都是以大客户为主，“群狼战术”也是由此而来。所以他的基因就是玩企业大客户。他不会玩儿大众客户，哪怕是由小企业组成的大众客户。所以把 PC、打印机业务卖掉也是理所当然。而微软这种玩大众客户的企业，在企业级大客户上就差得老远。虽然花了 N 年时间，但在企业级上仍然是二流。

朋友：这样的基因分析有什么意义吗？

老刘：其意义在于，如果你要做你基因中没有或你的基因不能支持的东西，那你注定会失败。

企业文化，是保证战略实施的重要条件。

需要强调的是，对企业文化有很多误解。曾经在微博上读到这样一段：企业文化建设的13个实用方法包括：1. 晨会、夕会、总结会；2. 思想小结；3. 张贴宣传企业文化的标语；4. 树先进典型；5. 网站建设；6. 权威宣讲；7. 外出参观学习；8. 故事；9. 文体活动；10. 引进新人，引进新文化；11. 开展互评活动；12. 领导的榜样作用；13. 创办企业报刊。

这“13个实用方法”有没有用呢？有用，但除了“领导的榜样作用”不知怎样解释之外，其余都是“看得见，摸得着”的。殊不知，企业文化的要点恰恰在那些“看不见，摸不着”的地方。如果把企业文化停留在这种表面功夫上，实在是对企业文化的误导。从根本上，老刘认为，企业文化的基础是：1. 有高效的管理体系；2. 有完善的管理流程；3. 有健全的激励机制；4. 有大家都认同的企业价值观；5. 领导们要有文化。

为什么要强调“领导们要有文化”呢？因为成功的文化建立与变革，必须是由公司高层管理人员亲自领导的。这是一项不能授权给其他人的任务。我们常说，企业的文化在很大程度上是“第一人文化”，就是说企业老大的作风往往就是公司的作风。上行下效，老大如果自私，员工也是自私的；老大开放，企业的气氛也是开放的；老大如果整天神神秘秘，企业里一定是到处风言风语。

战略领导人的所言所行是文化建立和变革的种子，并对以后的战略实施与执行具有重要的意义。只有公司的老大和高层管理人员，才有带动重大文化变革的权力和组织影响力。所以，我们说做老大是个苦差事，做领袖更苦。这个苦在于，你几乎只能把正面积极的东西展现给大家，你的任何消极因素都会给公司带来负能量。

成长型企业的经营环境变化很快。变化越快，作为公司的老大就应该把更多的精力放在使组织更具有革新精神和快速有效的反应能力上。要建立并时刻维护和推进积极向上的、有大局观的、健康合作的组织气氛，并公开、明确地赞成和支持正确的道德标准。这个标准，就写在你公司的价值观里。

要坚决地消灭“官本位”文化，首先要在制度上改变，同时要在日常工作中采取相应措施。大家还记得当年联想的杨元庆站在公司大门口“强迫”每一个见到他的员工改口叫他“元庆”而不是“杨总”的故事吗？他为的是什么？就是消除“官本位”文化。

要对那些破坏公司良好文化的行为，给予无情打击。不管他是谁，不管他的职位多高，甚至不管他的业绩多好，一旦发现有违背公司价值观的行为，立斩不饶！

老刘给人家讲战略课，讲到最后就会谈到企业文化的问题。每每这个时候，同学们便大摇其头。其中，听到最多的一句话便是：“刘老师，关键是老大的问题啊。老大就这样，我们有什么办法？”

马云说：有些人动不动就想改变世界，改变世界先改变自己，连自己都改变不了，说要改变世界改变别人，一切都是瞎扯！

老大们，你们听到了吗？

总裁的家庭作业

1. 一切的文化都是以物质为基础的，正所谓“经济基础决定上层建筑”。那些没有打好“经济基础”就试图把企业文化建好的都属于扯淡。就企业最典型的部门间合作的难题来说，如果部门间的利益关系解决不清楚，只靠部门经理的“大局观”和“自觉性”是不可能长久的。所以，你首先需要在企业里建立“利益生态”，再谈文化才不至于是空中楼阁，这个利益生态你有了吗？
2. 作为企业老大，你觉得自己身上哪些好东西被下属和员工仿效？有没有坏的东西？如果有，怎么办？
3. 我们经常讲，企业文化的最大要点是褒扬和强化一切正能量，消灭一切负能量。作为企业老大，你有没有经常不经意地传递负能量（如无缘无故骂人）？

06

知人御人

| 第一节 |

识人之法

人是企业最重要的资源，如何获得与如何使用关乎企业成败。

识人最难。人活一辈子，经常连自己都不认识，更遑论识人。但如果你是企业老大，你要做领袖，首先就要学会识人。好在我们的老祖宗在这一方面已经积累了不少经验，可以拿来用。老刘个人最喜欢的，是诸葛亮的“识人七法”。

第一法，问之以是非而观其志。这一条是考察其世界观。通过向对方提出大是大非的问题，看他的立场、观点，以及所站的高度，进而判断此人的志向。所谓“志同道合”，首先是要有志向，然后是志向和志趣相同。

第二法，穷之以辞辩而观其变。这一条是考察变通能力。变通能力是“能”的主要组成部分，尤其是在今天瞬息万变的市场上，没有足够的变通能力是担不起大任的。怎么看呢？穷之以辞辩，意思就是双方就若干话题展开思辨，给对方出难题，考验对方的思维敏捷性和应变能力。

第三法，咨之以计谋而观其识。这一点是考察对方的见识和谋略能力。或以公司里某些重要事项，或以社会上大家熟知的难题，请教于对方，让他思考相应的计策，看他的谋略是否深远，看他的见识是否独特。这个能力对人的基础要求很高。因为不是什么人面对难题时都能想出办法的。办法未必要十全十美，但是一定要照顾到眼前和长远。如果说第一条考察的是世界观，这一条的重点则在方法论。

第四法，告之以难而观其勇。这一条是考察勇气。所谓“有勇有谋”，上一条是谋，这一条是勇。“勇”是什么？是面对困难去努力战胜的气概。所以要“告之以难”，看他是知难而退呢？还是知难而上。

第五法，醉之以酒而观其性。这一条考察的是性情。办法是劝对方喝酒，看他喝醉了是什么表现。酒后吐真言，他说什么，怎么表现，是慷慨悲歌，是豪情万丈，还是牢骚满腹，借酒撒疯，或是徐庶进曹营——一言不发。是君子还是小人，是勇士还是懦夫，这时看得最清楚。原以为劝酒不好，可想来想去还真没想到比劝酒喝醉让一个人还原真相更好的办法。

第六法，临之以利而观其廉。这一条考察的是廉洁。企业里的人，整天都在跟各种商业关系打交道。能不能做到“君子爱财取之以道”，该挣的钱挣，不该拿的钱和利益一分不沾，是在处事时能否公正的首要条件。“拿人家手软，吃人家嘴短”，一旦有了私利，任何事情就变得极其复杂。况且，在企业里，如果做管理的人贪图私利，就有可能把整个企业的风气带坏。

第七法，期之以事而观其信。这一条考察的是诚信。如果说第一条是“听其言”，这一条就是“观其行”了。自从“忽悠”这个词产生以来，这世界上能忽悠的人越来越多了。忽悠不怕，关键是落地，是说了算。怎样识别那些说大话的人、说假话的人、说空话的人呢？诸葛亮说“期之以事”，就是给他事儿干，是骡子是马拉出来遛遛。

实际上，诸葛亮先生自己也有用人不当之时，譬如马谡。马谡有志向，有理论，也有勇气，其“攻心为上，攻城为下”的建议也曾被诸葛亮采纳。但是纸上谈兵可以，一旦到了战场，他就显现出缺乏随机应变的能力，导致街亭大败，被诸葛亮挥泪斩首。

所以，就算有了诸葛亮的这七条，你仍然会看错人。为什么呢？因为你本身的弱点使然。如果你是一个喜欢听好话的人，你就会喜欢那些阿谀奉承者；如果你是一个耳朵根子软又自己不爱动脑筋分析的人，你就会喜欢听人家忽悠；如果你个人有某种爱好，你就会对和你有同样爱好或投你所好的人有好感；如果你是一个记仇的人，那么再优秀的人因为什么小事得罪过你也不会重用……你是哪一种呢？

中国人的传统文化，对于识人的老大非常有利。“士为知己者死，女为悦己者容”“良禽择木而栖，良臣择主而仕”。绝大多数有能力的人，对于能够欣赏自己能力的老板都会死心塌地为之工作，甚至会持续多年。可惜，跟随一生的已不多见了。

总裁的家庭作业

从根本上讲，企业老大首先就是一个需要每天“琢磨人”的角色。通过各种“琢磨”，锻炼自己识人的本事。总结一下自己在过去几年看对的和看错的人，为什么对？为什么错？以后怎样改进？

| 第二节 |
善任为要

关于用人，古今中外有很多论述。大多都在“德”与“能”（才）上讨论。“德才兼备”是对人才的基本要求。但就算你参透了诸葛孔明的“识人七法”，也不能保证最后能选到德才兼备之人，因为一切都是相对的。“路遥知马力，日久见人心。”“马力”就是才能，“人心”就是德行，都需要时间来检验。白居易诗云：“试玉要烧三日满，辨材须待七年期”，就是这个道理。

知人善任。基于你对人的基本认识，最重要的是“善任”。

你知道现在的成长型企业里，最悲催的职位是什么吗？是人事总监。越是业务发展好的公司，人事总监的压力越大。业务部门完不成任务，会指责人事部门找不到“强人”；老板达不成目标，会批评人事部门找不到好经理。业务会经常开着开着就成了人事总监的“批斗会”。有多少老大有着共同的抱怨：人才难觅呀！在他们的眼里，现在的团队总是不行：理解力太弱、素质太差、执行力太低……反正总是感到不满。于是企业的中高层总在迎来送往，关键岗位上的人真成了“流水的兵”，一两年，甚至几个月就要换一轮。

其实，重点不是下边的人不行，而是老大“不行”，是老大没有做到“知人善任”，没有把人用对地方。有一种说法，虽然有点绝对，但是有一定的道理：只有无效的管理，没有无用的人才。也就是说，没有无用的下属，只有不会用好下属的领导者。

一个技术非常优秀、钻研精神很强的工程师，因为在公司几年的工作中为公司的产品研发做出了杰出的贡献，老板提拔他为产品总监。之后便发现这老兄天生就是个工程师的材料，而不是一个会管人的坯子，把一个研发队伍搞得乱七八糟。这时，对于老板而言，他同时损失了两个人才：一个是超级工程师，另一个是产品总监。这也许不是老板提拔人提拔错了，而是老板创造的企业文化和企业制度错了，其中之一就是：在人才的成长路上，除了“做官”没有其他选择。

这就是前面讲过的“官本位”文化在作怪。能解决吗？当然能。在制度上，IBM 解决了这样的问题：那些不适合当官，但在技术上有贡献能创新的人也可以做到“副总裁”级，也就是 IBM 的“院士”（ Fellow ），他们在公司里的地位（名）、得到的报酬（利）和受到的尊重比起大多数“管人”的副总裁还高。比制度更重要的是，老大脑子里的“制度”，也就是对人才的激励方式也要破除“官本位”的旧俗。这是第一种情况。

第二种是，不管什么人，只要他表现出一定能力，就一定要他去做“业务”。因为在老大眼里，有能力的人就必须去做业务，这样才能表现出人才对公司的价值。在某种角度上，这样做有一定道理：公司里的非业务人员，包括像人事、行政、财务、商务、公关等部门的人，都应该一定程度地了解公司的业务。但是，如果仅仅因为他做商务做得好，或者对业务发表过一些有见地的看法，便认定他做业务也能做好，就有些扯淡了。

第三种，把某些人放在重要岗位上只是因为他们“听话”。这是老大没出息的表现。如果说，在战略上没有冒险精神的做不成大事，那么在用人上没有冒险精神的老大也做不成领袖。但凡有点能耐的人，多多少少都会有点脾气，尤其是年轻人。所谓“年少轻狂”，做领袖的本事，就是不但能够驾驭那些训练有素的“骏马”，也得有本事驾驭那些野性十足的“野马”。

第四种，提拔人只重业绩不重能力。重业绩是没有错的，不然提拔也会让别人觉得不公平。但“唯业绩论”显然也是错的，因为业绩的好坏，往往是由若干不同的因素组成，虽然能力在其中占有重要部分，可有时其他成分也许更加重要。记得当初在微软的时候，一个很重要的概念是：你的业绩好坏重要，但是比业绩好坏更重要的是，你一定要能够清清楚楚地说出来为什么好，为什么坏；好的怎样发扬，坏的怎样改正。业绩好，可以多发奖金；能力强，才可以晋级提升。

第五种，闲置人才。大公司讲究“人才储备”，也讲究“Hiring ahead of demand”（招聘在用人需求之先）。一般成长型公司做不到这一点，因为：一、你没有一套完善的人才管理制度；二、你无法担负“人才闲置”的成本；三、被闲置的人才待不住。人才闲置的原因可能是复杂的，一种可能是老板不认可，就是说大家都认为这人是个人才，但是老板不这么认为，所以就放在一个闲的位置；第二种是没有合适的位置给他，这种情况客观上是存在的；第三是用错了地方，就像第一种情况中说的那样，用错了也等于把他的才给闲置起来了。

“知人善任”最忌的是表面化。经常看到一些讲“用人”的材料说，你要让那些能说会道的去做销售啊，要让那些手紧的去管财务啊，等等。这其实是一种误导，因为我们说“知人善任”，要先知人，而知人不是看表面的。我的一个老朋友，做技术出身，当年舍弃了技术经理的职位，加入某国际大企业做销售。当时老刘听了，差点跌掉眼镜，想着：这哥们儿那么技术范儿，性格内向，话都不怎么爱说，怎么可能当好销售？结果，又让我跌了一回眼镜，人家第一年就成了团队的销售冠军，第二年还超额完成任务几倍。现在，他已经是一个典型的销售了，在另一家国际大公司做了高管，还是管销售。

人无完人，用其长而避其短。适用为要，善任为要。

总裁的家庭作业

1. 善任主要强调的是能力，能力的高低和能力的不同方面。你有没有“高人低用”或“低人高用”？有没有用了人的短处而委屈了他的长处？
2. 你是否对你的干部做过认真细致的观察和研究？对他们的长处和短处都了然于胸，然后在用人的时候予以充分考虑？

| 第三节 |
用人要疑，疑人要用

“用人不疑，疑人不用”似乎是用人的铁律。其实不然。首先，这世界上是不是真有 100% 的信任；其次，用人不疑就一定能用好人吗？

除了那些小孩子的“盲目崇拜”之外，恐怕没有一个人能够对另一个人 100%信任。就算你相信他的德行，也未必就对他的能力完全放心。就算你完全相信他的德行和能力，在面临大事的时候你也会替他担心，担心他能不能跨过去。

“疑”是人之常情，“不疑”只是极少数，甚至根本不存在。所以，就要先为“疑”正名。太多的老大因为“用人不疑”最后吃了大亏。这样的例子在历史上、在现实中还听得少吗？在企业里，出大问题的往往都是老板最信任的人。因为老板的信任，某些人就可以为所欲为，到头来出了事儿，吃亏的是老板。

之所以会出问题，是在“用人不疑，疑人不用”的哲学后面，隐藏着一种根深蒂固的“人治”情结。因为“用人不疑”本身，就是对企业内部控制和内部监督制度的抗拒，表现出来就是将这种“不疑”当作反对制度的挡箭牌。他一件事儿花了超过预算几倍的钱财，财务来查，他会向老大哭诉说：“我花这么多钱是值得的，难道您还信不过我吗？”他占了公司的便宜被别人揭发，他会跟老大说：“我跟了您这么多年，您还不知道我吗？那是×××拉我下水，不然我能占公司的便宜吗？”

老大的不疑，一定不会对所有人（做不到的）。因此，老大就会表现出有亲有疏，那些看起来不被信任的人心中就会不平。实际上，老大对他们也不一定真的不信任，只是因为太信任某些人，他们心里就会直接感到不被信任。要知道，被信任的感觉和不被信任的感觉差别是如此巨大，以至于两个人的工作效率可能会相差几倍。

再者，所谓“用人不疑”，实际上也是在要求大家做到尽善尽美。因为老大会说，你要让我信任，最好就别犯错。这种隐含着的对完美的诉求，最后往往造成公司里到处都是假话。

有人会说，老刘你这样讲是要当老大的时时处处怀疑别人吗？当然不是。凡事都有个度。不管是谁，都有弱点。在你用人的时候，一定要尽量避开其弱点。然而，人的很多弱点，常常是没有办法分离的。譬如说，有人就是好贪点儿小便宜，他到哪里都会这样。这种弱点有时也会酿成大祸，如果你做老大的心里没数，不去因为“疑”而谆谆告诫，就很有可能出大问题。

所以说，重点在“度”。你不能让所有人认为你对他们都是100%放心的，也不能让所有人认为你不信任他们。其实“放心”“不放心”与“信任”“不信任”是不同的概念。把握好这个度，是做领袖的基础之一。其中的关键是，不管你“疑”还是“不疑”，都不能因此代替或干扰企业的监督制度和流程。只有制度和流程是对所有人都公平的。

下属的“不被信任感”经常来自上级领导的某一句或几句话。所以，老大对下属的“疑”未必一定要表现出来。你要在对他信任的方面给予足够的鼓励，同时在对他有怀疑的地方给予告诫。这个告诫，并不是教你对人家说信不过人家，也不是教你两面三刀，而是一种用人的技巧。

反过来，我们说“疑人可用”。《三国演义》里，经常会看到某一方会用敌方的叛将。如果你是老大，你会对这些叛将一点都不怀疑吗？但怀疑归怀疑，用还是要用的。刘邦用韩信，最初也不是100%相信他的忠诚。但是，刘邦不仅用了，而且还用得很好。甚至可以说，刘邦得天下，韩信有大功劳。

有人说，能力有缺的人可用，德行有缺的人不能用。其实也不尽然。从道德角度上讲，也没有完人。有人可能对你很忠诚，但比较自私；有人可能很讲信用，但很小心眼儿。这都很正常。你可以怀疑他会这样会那样，可你要用的是他的长处。如果你是高手，那么你就知道如何去限制他的短处，包括利用制度流程和你自己的手段。

总裁的家庭作业

1. 数一数，你的手下有多少是100%让你放心的？为什么不放心？对不放心的人怎么用？
2. 当你对一个下属从不怀疑变成怀疑的时候，有没有深度思考过其原因？是因为他做错了事，还是因为别人在你面前说了关于他的什么？
3. 怎样对你的下属表达对他优秀部分的信任和不足部分的怀疑？

| 第四节 |

炼才护才

人才的成长过程，很像当年红军的二万五千里长征，中间要经过很多艰难险阻，有些人半路退出了，有些人半路倒下了，留下的人吃了很多苦头，最终才修成正果。正如孟子所说："天将降大任于斯人也，必先苦其心志，劳其筋骨，饿其体肤，空乏其身，行拂乱其所为，所以动心忍性，增益其所不能。"

柳传志有一句名言：折腾是检验人才的唯一标准。他有两个接班人：杨元庆、郭为。柳传志为培养这两个人，前后"折腾"了他们多年。他们一年一个新岗位，"折腾"了十几年，换了许多岗位，才成了"全才"。

"折腾出人才"不是老柳的发明。优秀领导人都是折腾出来的，在大公司里能当上副总裁、高级副总裁的，没有一个不是在若干岗位上干过，折腾了十几年甚至几十年才从"媳妇"熬成"婆"的。

折腾人才，锻炼人才，重要的是锻炼对"成和败"的心态。情况越是复杂的地方、工作越是难做的地方、越不容易干成事儿的地方，就越是锻炼干部和管理人才的地方，因为那些地方最容易失败。失败不怕，关键是看他能不能从小失败中总结经验避免大失败，看他能不能从大失败中重新站起来。所谓人才，就是能人所不能，不然只能算作庸才。

再一个，就是看他能不能跨过"成功"的坎儿。那些有点成绩就骄傲，就鼻孔朝天的人也是庸才，成不了大事。

炼才的要点是舍得，要舍得让"小马"拉"大车"。做领袖的人都是爱才如命的主。因为爱，有时候就会舍不得，舍不得他眼中的人才受委屈，舍不得他的"爱将"受苦。结果时间长了，发现原本的一个个小老虎，变成了一只只小绵羊。古话说“爱将如子”，是形容统帅的高大。但是，如果真的像今天中国家庭里的独生小皇帝一样宠着，其结果可想而知。

炼才不只是炼能力，最主要的是炼心态、炼境界。所谓“智商、情商、逆商”缺一不可。智商和情商是成功的基础，而逆商才决定成功的程度。因为人的追求越高，遇到的困难和阻力就会越大。战胜小挑战只会取得小成功，战胜大挑战才能取得大成功。

同时，锻炼与爱护是相辅相成的。炼是因为爱，所以在锻炼的时候，也要用心爱护他们。要关心他们的身心健康，经常和他们沟通，关心他们的学习和生活，尤其要防止他们受到不应有的伤害。这种伤害可能是来自嫉贤妒能者，可能是来自自身由于某些事情产生的心理疾病，更大的可能则是来自你——他们的老大。

但是，锻炼不是大撒把，爱才也不是骄纵。大撒把的结果可能是人才的自生自灭，而骄纵的结果可能是变成刚愎自用、自高自大的狂妄之徒，最后还很可能与你反目成仇。

总裁的家庭作业

1. 是你的下属在折腾你，还是你在折腾你的下属？
2. 你的干部经得起折腾吗？你折腾过谁？谁是通过折腾成长起来的？
3. 你怎样爱护你的爱将？是给他们送好车，还是在他们遇到困难跌到低谷时拉他们一把？

| 第五节 |

建立“子弟兵”队伍

家族企业的成功有它的理由，其中之一就是他们都有一支“子弟兵”队伍；

家族企业的失败也有它的理由，其中之一便是兄弟反目。

我们这里说的不是家族企业，虽然大多数做法同样适合于家族企业。我们说的更多的是，在市场环境下成长起来的非家族性质的企业。在这样的企业里，成功者往往也有一支这样的子弟兵。

一个典型的例子是联想。柳传志没有把当初一起创业的十来个伙伴留在公司里掌权执政，因为他明白那些人跟他一样老，但是他们没有像自己一样的雄才大略。在公司初创时期，他们立下了汗马功劳，但企业要长期发展下去，则需要更年轻、更有激情的一批年轻人。他们大都从最底层做起，由老柳一手带起来，现在都成了公司的最高层领导。而且这最高层之中，几乎只有老柳的子弟兵们。现在他们还都是40多岁，不知道杨元庆有没有也像柳传志那样培养自己的子弟兵。不过也不需要了，因为联想已经具备了成熟的国际大企业的体系架构，能够像IBM那样选拔、培育人才了。

另外一个典型的例子是马云。马云当初创业的队伍，号称“十八罗汉”，大部分是马云的学生或下属。和柳传志当初的班子不同，这是一个年轻的、充满创业激情的队伍。这就是马云的子弟兵。虽然中间发生了很多的故事，但这18人中，大部分成了阿里巴巴的中坚人才。

建立子弟兵队伍，当然是因为他们忠诚。因为他们忠诚，所以在领袖做出战略决策的时候，才会顺利有效地执行。但如果仅仅是忠诚，这个队伍是不会长久的。忠诚应该建立在共同理想、共同价值观和共同利益的基础之上，而不仅仅是后者。仅仅为利益集合起来的队伍，叫作“乌合之众”。

共同理想、共同价值观和共同利益的建立，首先是队伍中的人要有“共同”的基础，然后就是靠老大长时间不断地影响和教育。那些原本“道不合”的人，会在这个过程中逐渐离去，最后留下来的，就是子弟兵的核心。

老大下功夫培养出来的子弟兵队伍，在企业发展的过程之中至少有如下几个重要作用：

第一，最快、最深刻地理解老大的战略意图并付诸实施。

第二，在公司执行和落实价值观上起到模范带头作用。

第三，能在最困难的战场上打攻坚战。

第四，公司遇到巨大困难时会留下来帮你。

第五，是老大最信得过的机动力量。

常常看到一些企业的老大，在遇到比较大的困难时，总是觉得自己有些无助。看看下面的各位高管，很难找出一个能够真正帮助自己解决问题的。就算有，用起来也不能完全放心。这就是老大没有一个“子弟兵”队伍的结果。

并且，“子弟兵”的概念可以扩展到企业层次。我们常常听说，某某企业裁掉一半人都照常运营，为什么呢？因为在企业里有很多“非关键岗位”。一般说来，一个企业的“核心岗位”通常不会超过 1/3。也就是说，假如你把另外 2/3 的人都裁掉，短时间内公司的业务仍能照常运行，当然时间太长了还是不行的。因此，公司里这 1/3 的岗位叫作“核心岗位”。这 1/3 的人就应该成为公司的“子弟兵”队伍，或者说是老大的“子弟兵”扩大队伍，也就是重点教育、重点培养、重点提拔的对象。

不过，千万不要误解，“核心岗位”并不等同于“管理岗位”。在很多业务中，干活儿的比管人的重要。没有经理可以，没有干活儿的人可

手机扫描二维码后，输入“ZCLB07”，你将看到一套系统而详尽的IBM“子弟兵”培养方案。从个人必备素质到多种培养方式、各项考核指标等，对老大建立自己的子弟兵队伍极具参考价值和借鉴意义。

不成。大家也许听过 IBM 那个食人族吃经理的笑话，至少在 IBM 这样的大公司里，很多经理真的没有他的下属重要。

我们经常看到在成长型企业里，中低层经理换了一茬又一茬，总是不能满足企业增长的需求，总是不能让老大满意。一晃几年过去，老大还在整天为了换人操心。与其如此，为何不学学柳传志，学学马云，学学 IBM，沉下心来建立一套制度，花几年时间培养出这样一支子弟兵队伍呢？这样的事情，什么时候开始都不会晚。

总裁的家庭作业

1. 设想当有一天你倒下或离开的时候，会不会有一个你的子弟兵队伍替你继续你的事业？
2. 设想当公司发展遇到重大问题的时候，有哪些人可以与你共患难？对于这些人，你应该做些什么？
3. 志同道合是建立子弟兵队伍的基础，数一数你身边有多少志同道合者？

| 第六节 |
大胆引进，谨慎换帅

子弟兵队伍的建立，如果把握不好，很容易在企业里形成一个负面的特殊群体，搞不好还会在公司里形成若干个山头。而且，不是每个子弟兵成员都能在思想上和能力上跟上企业的发展，这就需要引进人才。

引进人才靠什么？一靠企业的吸引力，二靠企业老大的魅力。企业的吸引力有哪些？柳传志认为有四条：一、要有很大的发展空间，“有奔头”；二、物有所值的物质回报；三、软环境，就是工作时心情愉快，上下级团结一致，没有办公室政治；四、所在的企业能有更好的声望。老大的魅力有哪些？我们在本书的最后一章将会专门探讨。

引进人才要量才而用。人才也是商品，越好的越贵。这个贵，不单单是说付给人家多少钱，还有更大的成本，就是“小马拉大车”或“大马拉小车”带来的诸多问题。所以，在外企招人的时候，拒绝对方的重要理由之一是“over qualified”，就是说，应聘者的经验和能力超过职位要求也不能要。所以，引进人才要因时制宜。你要对自己企业处在什么样的发展阶段有一个清醒的认识。在不同阶段需要不同的人才。低也不成，高也不成。

很多企业的老大在人才引进上都有很大的“本事”。他可以打前景牌，告诉人家我们的企业有多么好的未来；他可以打事业牌，跟人家说我们是一个多么伟大的事业，你成为这个事业的一员便会成就个人事业；他可以打悲情牌，说企业虽然前景广阔，但是眼下遇到了困难，只有你这样的人才能挽救他们于水火；他可以打经济牌，许以高工资外加股份。总而言之，他可以把人才忽悠进来，却不能把人才留住。因为人家进来以后发现，这个企业并不是他所想象的或他所期望的那样。其实，引进人才并不是什么难事，真正难的是如何留住人才。如果你真的通过这本书所说的 9 项修炼，留住人才的可能就大大提高了。

人才引进中最重要也最复杂的是，公司管理层 CEO 或总经理的聘用。曾经不止一个老大期望老刘能够帮他找一个 CEO，但都被老刘谢绝了。为什么呢？因为老刘认为，对成长型企业来说，通过空降换帅，十有八九是不能成功的。

在 IT 圈里，最成功的空降换帅大概只有 IBM 用郭士纳了。那是一个极特殊的情况。除此之外，你还能举出几个真正成功的案例呢？其中一个反面的例子就是惠普，在过去几年之中，换了五六个外来的 CEO，结果经营状况每况愈下。是这些 CEO 没有本事吗？不是。要点是对公司文化的认同和感情问题。所以你看，Oracle 做了这么多年，仍然是 Larry Elisson；微软的 Steve Balmer 做了十多年，眼看着要把公司带到沟里去了才想到换帅；苹果如果不是乔布斯英年早逝，现在的 CEO 也轮不到别人。国内呢？一样。联想是柳传志传给了杨元庆；马云退居二线，CEO交给了自己培养出来的接班人。我想他们都明白，外来的和尚会把经念歪的。

曾有一个国际大公司的高管，受聘担任了国内某大型软件公司的CEO，结果只做了一年就走掉了。为什么呢？因为这兄弟去了以后，根据自己的经验，非要把人家原本的商业模式转变了。本来人家卖软件卖得好好的，他非要人家改成以服务为核心。且不说中国企业的服务体系和他原来所在的国际大企业相差了十万八千里，就市场现状而言，软件许可权销售的利润远远高于服务，并且，把一个几千人的队伍从卖软件转到卖服务，谈何容易。没有相应的服务体系，尤其没有充分的服务人才，企业能做到吗？这是其一。其二，像很多外企高管进入本地企业一样，他也从原来的公司带了一票人过去。结果可想而知，这票人进来是为了执行新任CEO战略的，但这票人的文化和原来公司里的文化格格不入，能在一起和谐地工作才怪。

大凡创业起家，能把公司做到一定规模的老大，都有自己的一套理念，他在企业里也多少形成了带有自己风格的文化。引进CEO的初衷都是好的，是期望新的CEO能够带来大公司的管理理念和经验，之所以不成功，主要就是文化理念的不和，尤其是和老大的“道儿”不和。而多数的空降CEO在大企业或外企工作多年，也被熏陶出了一套理念，进入新企业之后，看哪里都不顺眼又急于改变，于是就很容易冲突连连，用不了多久，大家就挥手拜拜了。

别忘了，你是企业的主人，而职业经理人是打工的，就算你给他5%的期权，也很难改变他心里对自己“打工身份”的认定。而做CEO的，又必须要把自己当成企业的主人。这恐怕是空降CEO最大的矛盾所在。

那么，当企业发展到一定程度的时候，老大应怎样解决现代化管理上的跨越呢？几件事恐怕是必须做的。

其一，提高自己。你要适当把自己从日常业务中脱离出来，花时间学习现代管理的理论和方法，观摩和研究其他成功或失败企业的经验及教训。然后，一步步地用到自己的企业之中。如果你觉得这样还是不行，可请一个在大企业或外企做过高管的人给你当个教练或顾问，有问题及时请教。如果你能够做到在一段时间内完全脱离，也许可以以某种身份加入成功企业之中去偷师。如果这样做难度太大，你不妨花一段时间去念一个 MBA 或 EMBA，真正系统地去学习一下。但如果是国内那种以扩大人际网络为目的的 EMBA，就算了吧。

其二，引进几个高管分管不同业务。引进可以有计划地分步进行，可以使企业更平稳地改造，一旦发生问题也容易控制。譬如，你可以通过引进人事总监学习成功企业的人才引进、培育、激励制度；你可以引进财务总监学习和改造你的财务体系；你可以通过引进营销副总裁建立和改善你的营销系统，等等。

其三，是有计划地培养你的“子弟兵”。挑选素质较高有培养前途的弟子，让他们在管理上不断地进步，可以让他们去上学，参加各种“总裁班”（不过说实话，老刘认为这种培训效果有限），可能更有效的是也给他们请个教练，结合日常业务，在工作中尝试改进和提高。

当然，在做前面两件事儿的同时，做老大的就必须后退一步，成为他们“新政”的支持者和后盾，而不是指手画脚。在后退一步的同时，也把自己变成一个战略领导者。

总裁的家庭作业

1. 你是从什么时候感到力不从心，想找一个 CEO 的？
2. 当你感到力不从心的时候，除了找一个 CEO 有没想过其他方案？
3. 你从外边引进的人才，尤其是高端人才在你的企业“存活”三年以上的比例是多少？
4. 对于外面引进的人才，你认为怎样才能留住他们？

07

分权制衡

丨第一节丨

权力应该是“设计”出来的

什么是权力？有的书上说：权力就是集体赋予领导主体（领导者个人或领导团体）支配公共价值资源份额的一种资格。这样的解释未免太书卷气了。在本书的第一章，我们曾经讨论过权力与权威的区别。权力本身实际上是一种职位或地位赋予某个人、某个团体，指挥他人和支配资源的力量。前一种叫“职权”，后一种叫“位势”。职权通常是别人给的，而位势则是靠自己的努力获得的。创业型企业的创始人，不管是做了董事长还是CEO，大部分属于后者。

企业里，人的权力有很多种。对于领导而言，有决策权、指挥权、命令权、调动权等；而作为普通员工，则有工作权、参与权、知情权、建议权等。在本书里，我们主要说前者。

或许是因为创业者从小做到大确实不容易，所以创业型企业的老大被下属所诟病的最主要问题就是不能“放权”。太多企业的老板和经理们纠结于放权还是不放权的拉锯战。经理们不满，因为老板不授权；老板也不满，因为他觉得下属们不给力，不敢放权。实际上，他们都错了。企业里的权力分配，到企业发展到一定程度的时候，就应该去设计。

“权力分配图”应根据什么来设计呢？根据目标和战略。

上一章我们花了很长的篇幅来讲战略，战略最后落地是在关键任务，保障战略落地的关键则是组织、人才和文化，而这里面最重要的是一个机制。这个机制大家都知道：责任、权力、利益，也就是大家常说的“责权利”。

战略布局中，每一个组织（部门）和每一个参与者（经理及员工）首先有一份责任。他要通过自己的工作，达到公司规定的目标。要达到这样的目标，他就应该有相应的权力。也就是说，他有指挥团队、调动相应资源的权力。责任和权力是对等的，有多大责任就应该有多大的权力。

很多企业在制定战略的时候，会忽视这样的环节。老大总是兴奋于新目标新战略的形成，兴致勃勃地开会给大家安排工作，要大家的工作计划，却没想到要明确地给人家相应的权力。下属呢？多数不敢提，怕被老板认为是讨价还价。个别人提出来，就真的会被老板认为是要条件。要么被骂个狗血喷头，要么被搪塞说可以商量，然后便不了了之。其实，做老板的本应该主动想到。你为什么在安排任务的时候只想到了“激励”？想到了给人家涨工资发奖金？虽然责任之后的利益是必须的，但要知道权力还在利益的前面。

企业的权力分配应该为目标和战略服务，而不是为一个人服务的。

总裁的家庭作业

1. 你的下属是不是有很多牢骚，干活的动力不足？从责权利平衡的角度考虑，你觉得他们少了什么？
2. 干部的权力分配和你的企业战略是匹配的吗？公司里有没有那种特殊人物，就是没有职位或职位不高但因为和老大你关系不错而拥有超级权力的？

| 第二节 |

授权，必须的

更大的问题是，有些老板给了下属足够大的任务后，不但不给人家职权之外可能需要的（调配资源）权力，甚至连人家职权之内的权力也不给，或者不给到位。

常见的情况是，一个部门经理对某个下属的表现不满，要对他做出一定程度的“惩罚”，或是调岗，或是减薪，或是劝退。但这个员工去找老大哭诉，老大听了，就回头劝经理不要那样做。如果这个员工还是老大当年一起创业的班底成员，老大甚至可能会大光其火，把经理骂一个狗血喷头。他没有想过，如果自己是这个经理，怎么办？

以老刘的观察，企业老板不授权的原因有四种。

第一种，视企业如亲儿者，不敢授权。这是最多的一种。这种老板往往是自己创业的，能够打拼出一片天下实属不易，所以常把企业当成自己的亲生儿子，而且还是独生的，生怕什么地方出了差错。公司已经到了几百人的规模，他还坚持每进一个人都要亲自面试和批准；业务已经做到了几个亿，每个合同哪怕是几千元的小合同，他也要亲自审批；尤其是有人要开掉一个员工或因为业务调整裁掉几个人，那可就成了天大的事儿了，生怕因此给企业惹上什么麻烦。更离谱的是，连会议室里摆几把椅子、什么颜色的，他也要亲自上阵监督。

他是没事儿干了吗？不是，他真的很忙。管这么多不该管的事儿，能不忙吗？为什么？只因为一个字：怕。他完全缺乏相信别人的大度和容忍错误的能力。有一些大企业的领导也善于抓细节，但人家抓细节的目的可不只是为了抓细节，而是为了从细节之中发现大问题，所以人家也不是什么细节都抓的。

其实，你怕什么呢？回想自己的创业经历，不也是从错误和失败中成长起来的么？再者说，你现在家大业大，只要整体战略上不犯大错，局部上就算出点问题又能怎样呢？如果你能授权，带来的正面利益恐怕远远大于你不授权所避免的负面利益。

这第一种是老大的不自信造成的。

第二种，享受权力者，不愿授权。这种老大最是可恨。他倒不是不放权，而是随时随地要表演他的权力。原本别人已经经过反复研究确定下来的事情，到了他那儿，或者让他听到了，他就会在一分钟内把人家推翻。有时候有道理，有时候完全没有道理。其实，他就是想告诉你，你对不对不要紧，关键是我喜不喜欢，因为我是老大！

真正大公司的老大，这么享受权力的还真不多，不然也做不到大公司的老大。反而是一些不大不小的公司，或是老大没有享受过这样的权力，或是老大享受权力享受惯了，觉得在下属面前要威风是一件很痛快的事情。这种老板，几乎无可救药，不说也罢。这种表面上很强势，处处表现权力的，反而是潜意识中的不自信。

第三种，看不起下属者，不屑授权。这种老板自以为什么都懂、什么都是专家，下属中不管你是谁，都不如我。所以，任何的决定权都必须掌握在自己的手里。这一种和第一种有异曲同工之处。第一种倒不是不相信下属，而是怕事儿搞砸了，所以自己决定觉着更放心；而这一种是看不上办事儿的人，认为他们压根儿就是一帮笨蛋。让人不明白的是：你怎么就招了一帮笨蛋来呢？这是不是首先说明你自己就是笨蛋呢？

事实上，如果一个老板，对于上千人的公司的每一个业务细节都了如指掌，而且都是专家，那他不仅是天才，还是神仙。然而，这种人的心理是有问题的，因为从心底他压根儿就不愿意承认哪个下属比自己强。这一种老大，属于“井里的蛤蟆”。

第四种，不会授权。授少了，怕大家说不授权；授多了，自己又不放心。什么样的权力，应该授给谁？应该有什么样的条件？怎样做到既授了权，又能控制得住？这些的确都是头疼的问题。

老板不授权，说到底还是出于担心，担心别人做决策会犯错误。但老刘要问的是，你自己决策就不怕犯错误了吗？在公司只有10个人的时候，你可能连每一个员工早餐吃的什么都可以了解到；在公司有100人的时候，你就会有叫不上名字的员工；在公司有1000人的时候，你甚至不知道很多一线的团队在干什么。你的能力和时间是有限的，不管你多勤奋，你也不可能看到和处理所有问题。你现在处理的事情已经是百分之几了，别以为自己什么都管得了。事情越细，离你越远，你了解事情的来龙去脉的可能性就越低，你所凭的只是你的直觉和经验。而在你对事情本身没有足够了解的时候，你的判断是更容易犯错的。与其如此，干嘛不让更了解的人去判断，去解决呢？

再往深挖，原因是老板对自己犯错误的容忍度更高，而不能容忍下属犯错误。这就不仅是一个人的胸怀问题了，而是老板心中缺乏大格局的表现。

曾经和一位老板谈话，关于授权问题。

老刘问：你的高管们一年工资能挣多少？

老板说：挺高的啊，少的几十万，多的上百万。

老刘问：是啊，不低。你付他们这么多工资是为了什么？

老板说：好好工作啊！

老刘说：没有错。但是少了一样，而且是很重要的一样东西。

老板问：什么？

老刘说：责任。

老板问：这话怎讲？

老刘说：你请他们来，原本是要为你分担。你的担子上有两样东西，一样是工作，一样是责任。而责任是和权力相匹配的。如果你什么权力都不给他，他的工作能不能做好还在其次，最重要的是，他因此可以不负责任，因为责任都是你一个人担了。出了什么问题，他可以一推六二五："是老板决定的啊，关我什么事？对不？"你付了这么高的薪水，却只得到少一半的回报，你不觉得很亏吗？

老板：……

授权是领袖的分身术。

总裁的家庭作业

1. 你是哪一种"不授权"的老板？
2. 你知不知道，很多经理表面上对你不授权十分有意见，背地里恨不得你永远不授权，这样他们就可以永远不担责任。如果你有这样一批干部，你觉得自己的企业能做大吗？

| 第三节 |
授权的艺术

企业的权力分配，讲究的是一个平衡。如果把企业比作一辆车的话，那么权力的动态平衡就是保证这辆车能够平稳前行的基础，而这辆车的权力"重心"是老大。一旦重心偏了，就可能引起若干问题：要么车子跑偏了路，要么车子会剧烈震荡，甚至会故障频出，最后翻下山崖。

上一节说了，授权对老大来说实际上是一个合算的事儿。怎么授呢？

"责权利"平衡是基本原则。除此之外，有两个做法：一个是"大权独揽，小权分散"，也就是"抓大放小"；另一个则倒过来，叫"抓小放大”。

为什么要“大权独揽”呢？因为领导也好领袖也好，要“管”好下面的人，只凭“怀柔”是不行的。很多关键时刻，仍然需要压制，哪怕只是暂时的压制，即所谓“理解的要执行，不理解的也要执行”。这时候凭什么？凭的就是“权势”。所以，老大手里一定要有足够的权力，就是“大权”。但同时，老大绝不能事必躬亲，不能“一竿子插到底”，不能管该别人管的事儿，所谓“集权而不专权，放权而不放任”是授权的一大境界。这个境界其实要求的就是一个“度”。这个“度”把握得过紧，就是“独裁”；把握得过松，就是“放羊”。

而这里的“抓小放大”和“抓大放小”并没有本质上的矛盾。因为二者的“大”是有所区别的，前面“抓大放小”的“大”是战略上的“大”，而“抓小放大”的“大”指执行层面的“大”。“抓小放大”的意思是说，你要把执行层面的所有“大事”都放下去，然后通过检查一些“小事”，也就是细节来检查和判断执行的过程和质量。

授权的一面是监督。“抓小放大”中的“抓小”就是监督的一种。其实，你不必像那些大公司一样，老大每周、每月、每季、每年都要召集大家开会，看大家做得美轮美奂的“屁屁踢”（PPT），听大家一通数据分析。这些要不要呢？要的。但是，还要有另一种与报告相辅相成的方式，就是去抓一些细节。你可以通过访问客户、访问合作伙伴、找普通员工聊天等方式来获得这些细节，然后根据这些细节判断那些掌权的人是否正确地使用了他们的权力并为公司创造出了价值，也就是看他们的能力与态度。这样，你才能够在发现重大问题时立即出手补救。

授权的另一面是承担。有位老大对于自己授权不够的解释之一，就是下属们不敢“承担”。这的确是一个问题。但研究表明，下属不愿意承担的“祸根”往往是出在老大身上。为什么呢？举个例子就明白了。一个“空降”来的副总裁，来的时候通常都是雄心勃勃要做一番事业的。所以，他就会做出很多决策，要给公司带来新的气息和新的业绩。但是，好景不长，很快老板就对他的一些做法表示不满，先是谈话暗示，之后是背地里批评，接着是会上批评，最后就一句话："以后这些事儿，我批准了才能干。"时间长了，大家就知道：不管啥事儿，没有老板点头是不行的。因此，一你用不着担当，二没人要你担当，三你的担当可能会惹怒老板。这又何苦呢？如果是原本就不想担当的混混，更乐得什么责任都不扛，全推给老板便万事大吉了。但这样的人毕竟是少数，就算有，一旦遇到愿意和敢于授权的老板，最后也一定会把他扫地出门。

所以，在授权的同时，必须立下规矩，给被授权人白纸黑字说清楚：因为你有这样的任务和责任，所以获得这样的权力。你的权力是用来完成你的责任的。在你的权力范围内，你可以做任何决定。但是，首先你要对你所做的任何决定的结果负责，也就是说，如果结果不如预期，你的权力就可能会被剥夺甚至会被炒鱿鱼；其次，你有在你权力范围内决定和指挥的权力，同时你的上级和相关部门也有随时对你的工作进行检查的权力，你不能因此而反感或认为是别人不信任你；第三，你获得权力的同时也有了一份义务，这份义务就是挨骂，挨老板的骂。不但挨骂，还可能要受处罚，轻则降级，重则劝退。或是因为你的决策不当，或是因为你的指挥不力，不管怎样，老板都有"骂"你的权力，都有处罚你的权力。如果这时你说"您看我不顺眼就另请高明吧。"那你的下场一定是滚蛋。

老板在授予别人权力的同时，也要给人家犯错误的权力。如果每一件事儿都"只许成功，不许失败"，谁还敢接你的招儿？

不会授权的老板，不妨先从你管的那些小事儿放手做起。什么叫"小事儿"呢？给个建议：你可以大概给自己画一条线，在业务上，如果这件事儿对整体业务的影响（包括长期影响）不会超过某个百分点（譬如从 1% 开始），你就完全不用关心；在人事上，你只需要管到你下面两级（即你下级的下级）便足够了；在财务上，根据不同的情况，也给自己一个审批的下限。剩下的都交给制度和流程去解决，尤其对于那些你连看都不看就签字的活儿，全部交给有时间了解情况的人。否则，你只会稀里糊涂承担了你不该承担的责任，放过了那些本应该承担责任的人。

另一种让你授权的重要途径，是强迫自己把更多的时间放到你应该做的事情上。作为公司老大，你应该做的事情多着呢！你还记得前面说到“少‘工作’，多思考”时所列出的老大要思考的问题吗？如果忘了，就再看一遍：

· 面对市场的变化公司应该如何应对？

· 下一步的目标应该是什么？

· 采取什么样的战略才能超越竞争对手？

· 达成上述目标和战略需要什么样的人才，如何得到？

· 达成上述目标和战略需要什么样的合作伙伴，如何得到？

· 业务怎样布局才能使公司的收入最大化？

· 公司发展的外部环境如何改善？

· 怎样调整组织架构以适应战略需求？

· 怎样建立和推进积极的企业文化？

· 公司有哪些重大隐患，如何防止？

当然思考之后要工作。“少工作”不是不工作，而是要工作到点上。除了对业务日常的检查之外，你要去见大客户（客户关系），你要去见战略合作伙伴（伙伴关系），你要去见政府官员（政府关系），你要去和投资商开会（投资关系），你要去拜访专家（专家关系），你要出去演讲会见记者（媒体关系），你要和员工谈话（员工关系），你还要不断地学习（知识关系），你还要家庭和睦（家庭关系），你还要锻炼身体（自我关系）。这“十大关系”足够你忙活了，还有心思去管公司那些本来已经有人管的事吗？

总裁的家庭作业

1. 从现在开始，记录你每天干的每件事和耗费的时间，一周后回头检查：哪些事儿是该你管的，哪些事儿是该别人管的。你一定会大吃一惊。
2. 一个 500 人公司的老大某天发现会议室的墙黑了，很恼火，就越过主管副总和行政总监，直接把行政经理叫来批评了半个小时。你觉得这件事儿老大该管吗？有人说该管，因为会议室经常会接见重要客户和政府领导，墙黑了会影响公司形象，所以该管。但老刘认为，他不该管，你知道为什么吗？（注意，是该不该管而不是该怎么管的问题。）

| 第四节 |

躲不开的政治

一个职业经理人，受一个创业企业家的聘请，进入该企业做总裁。刚进去的时候，老大嘱咐说："我知道你来了会带来一些新东西，但是你千万别太着急下手，我们公司这么多年，一直保持着一个很和谐的氛围，大家有事儿都是一起商量着办的。而且，我们公司小，没有大企业那种办公室政治。"结果，这个总裁进去没几个星期，就发现事实和老大所说的完全不一样。的确，大家在表面上都是一团和气的，但是暗流涌动，桌子底下下绊子的事儿时有发生。管理层之间各种恩怨、各种利益的纠葛，一天都没有停过。

于是，他想起了一句话：有人的地方就有政治。

何为“政治”？书本上说是，“上层建筑领域中各种权力主体维护自身利益的特定行为以及由此结成的特定关系”。所以说，只要有权力和利益存在，政治就是躲不开的东西。

从正面的政治说，一个市场化的企业，最大的政治是什么？最大的政治是，所有的权力和利益都是为了公司愿景的实现，所有权力和利益的使用及交换规则必须建立在公司价值观的基础之上。

一个公司有没有良好的“政治”气氛，其中一多半的因素在于老大本身的政治素质。也就是说，首先，老大有没有把公司的愿景和个人的梦想结为一体，在他每天的工作和思考中有没有把自己的权力用到为实现愿景而该用的地方，在牵涉到个人利益的时候，能不能从公司大局出发，先公司利益，后个人利益（如果老大是大股东，公司利益就是个人利益啊）；其次，老大能不能成为遵循公司价值观的模范。譬如，海底捞的价值观是让员工成长，但当一个经理成长的路上遇到了董事长小舅子的阻拦，董事长该怎么办呢？

我们前面说到过“企业文化”。实际上，企业文化的要点之一就是在企业里建立正面积极的政治气氛。

有一次，老刘为某公司做培训，课上谈到部门间协作的问题。大家都知道，公司里，尤其是有了一定规模的公司里，部门之间存在着错综复杂的各种矛盾，部门间协作是很多公司的难题。尤其是在出了问题的时候，大家坐在一起开会，把很多时间浪费在互相推诿、互相指责上。听课的经理们也都同意，因为他们公司这种现象太普遍了。于是，经理们问老刘怎么解决。老刘的建议是以后再有这种会议，从每个人的“自我批评”开始，先不要去批评人家。

大家听了点头，但其中一位副总裁说：“估计不行，大家心里都想着怎么把责任推给别人呢，我要是上来就做自我批评，他们不是正好找到担责任的人了吗？那我可倒霉死了！”大家听完都笑了，老刘听了却很难受。

这说明什么呢？说明这家公司的政治气氛不好，如果从老大开始，直到各级经理，大家都能够形成这样一种习惯，就不会发生副总裁所担心的问题了。不是吗？

公司里最常见也最能够伤害公司利益的，是帮派体系的形成。老刘这一辈子，最不喜欢听的一句话就是“你是谁谁谁的人”。我干嘛要是别人的人？我就是我自己。但很不幸，“有人的地方就有政治”，就算你从来也没有认为自己是“谁”的人，你也会被别人归类于“谁”的人。这让人十分的无奈。

物以类聚，人以群分。其实，任何一个群体中的人形成一个个小团体都是正常的事。俗话说，谁没个仨亲俩厚的？做老大的首先要明白这一点，然后要想办法把这种“小团体化”往正面的方向引导。本章的后面，我们会做很多相关的讨论。

总裁的家庭作业

你的办公室里有没有帮派体系？如果有，你怎么办？

第五节

把权力放在阳光下

一个公司的老大提拔了一个副总裁做高级副总裁，会上还宣布，哪几个副总裁继续汇报给自己，哪几个副总裁汇报给新提拔的高级副总裁。会后，老大要某个副总裁汇报工作，这个副总裁就问："您在会上不是说我以后要报告给高级副总裁吗？这些事儿您还管？"老大很不高兴地说："这种事儿还要我说明白吗？你自己去想想。"副总裁马上就凌乱了。

这个老大犯了两个错误。

第一个错误是，他在"玩政治"。他那句话的内涵也不难猜透，他是想说："我在会上说让你汇报给高级副总裁你就真的汇报啊？知不知道这间公司是我的？知不知道我才是老大？你要是懂事儿，就应该继续汇报给我啊，表面上你怎么做不管，实际上还是我管你。"

第二个错误是，他把权力这东西搞得太神秘、太复杂了。可以想象，如果那些被宣布汇报给高级副总裁的副总裁们个个都像上面这位，那么高级副总裁不成了聋子的耳朵——摆设？他心里能高兴？那些副总裁们整天都要阴奉阳违，每件事儿仍然要找老大拿主意，还不敢得罪高级副总裁，因为没准儿哪天老大真的改主意了呢。他们能高兴？

老大为什么要这样做？可以有很多理由：或是他自己本来不愿意放权，只不过出于某种原因不能不提拔那个高级副总裁，既要给人家面子，又不愿意给人家实权；或是他就喜欢副总裁们整天凌乱着，这样他更好控制；或是他就这习惯，不喜欢什么事儿都清清楚楚的，要是都清楚了，不就会显得自己很笨么？

不管什么理由，这样做的结果是显而易见的。公司里气氛一定是诡异的。大家整天都要花心思去琢磨老大是怎么想的，谁猜对了谁就有好处。高管之间、经理们之间一定会群起效尤，大家互相都绕着弯儿说话，做事也是虚虚实实的。员工们最喜欢干的事儿之一就是告状，自己的事儿干不好就去怪别人。开会的时候大家要么一团和气，嘻嘻哈哈完事儿，要么互相指责、互相推诿最后不了了之。公司里整天议论着似是而非的小道消息，议论的人津津有味，被议论的人惶惶不安。那些原本不喜欢搞阴谋的人也不得不在桌子底下搞些动作，否则没法生存下去；那些本来就喜欢搞阴谋的人更是如鱼得水，为了自己的利益，甚至有时仅为了自己一时之快，就到处造谣生事、煽风点火，把公司搞得乌烟瘴气。

老大喜欢“控制”，其实无可厚非。但是，采取这样的做法，首先毁掉的是公司的正气，同时还增加了老大的控制难度。如果因此培养出几个阴谋家（有些原本就是阴谋家），连老大的位子稳不稳都成了大问题。

怎么办呢？很简单：公开。支持阳谋，打击阴谋。从老大自己做起。

公司里完全不能公开的事情真不多，只不过不同的事公开的范围不同罢了。人事安排恐怕是最敏感的事情之一，同样可以在一定范围内公开，并且要有一套制度和流程来保证。举个例子。董事长助理辞职，留出了空位。常见的做法是老大会问几个副总裁：你们觉得谁来填补这个位置合适啊？这时，每个副总裁都有自己的小算盘，都想把自己信任的人放到老大身边去。于是就开始博弈，暗地里做很多“工作”，最后一个名单到了老大那里，老大明明知道下边人的想法，却只能花时间去做平衡。累不累呀？假如你有一套制度和流程，根据流程由人事部组织在全公司中层经理以上级别的员工中公开招聘、公开考核。这样，不是就省去了很多无谓的勾心斗角？

大部分的国际大公司都是靠着流程运转的。像 IBM 这样的大公司，其流程多如牛毛，你每干一件事儿，都有流程管着。结果虽然会造成管理效率低下，但是它也有好处，除了可以大幅度增加公司的安全度之外，还把权力放在了阳光之下。譬如说，公司规定请客户吃饭的标准每人 250 元（谁想的这个数啊，真够 250 的），老大也不例外，如果超了就要 CFO 审批，并且审批时要写清楚理由。还要存档备案，以备内部审计。在餐费报销中，有一项是问你的上级有没有参加。如果参加了，按照流程规定就应该是参加饭局的上级来报销而不是你。为什么呢？就是防止老板请客让下属拿单子报销，自己签字的事发生。如果你坚持自己报销，就必须说明为什么不是上级报销而是你。

在产品的价格折扣方面，IBM 有着更加严密的审批流程，什么级别有什么样的权力规定得清清楚楚，你没办法越雷池一步。部门之间的合作同样有流程管着，不但有流程管着，而且同样要算账，真正是“亲兄弟明算账”。

非常关键的是，这些流程都在电脑里，没人能够改变，也很少有人能够通融，并且任何通融的人都必须担负责任。一旦被内部审计抓到，轻则降级，重则被炒。

那些不重视流程建设的老大真的是糊涂，不明白这些流程其实都是在帮助你把权力放到阳光之下，是防止企业隐患、保证领袖权威的重要手段。作为老大，虽然原则上你也必须遵循这些流程，但也别忘了，你才是游戏规则的制定者！

总裁的家庭作业

1. 审批流程是权力阳光化的最重要的手段之一，你公司里有完善的、电脑化的审批流程吗？如果这个流程也限制到你，你怎么办？
2. 决策流程，尤其是重大问题的决策流程，是权力阳光化的另一个重要手段，也是防止公司发生重大经营失误的工具。你公司的决策流程清晰吗？除了自己作为老大可以“独断专行”（在特殊情况下有限度的，而不是常态的），还有什么人在流程之外？

| 第六节 |

制定游戏规则

老大是游戏规则的制定者。公司里最重要的游戏规则有两种，一种是权力规则，一种是利益规则。

权力规则有三种：分配权力规则、行使权力规则和控制权力规则。

权力的分配规则前面已经讲过了，主要是按照“责权利”来分配。

权力的行使规则指的是公司里的每个人，尤其是管理层怎样使用自己手中的权力。一般说来，两个基本规则是必须的。第一个，是恰当规则。即有多大权力使用多大权力，不可超过，超过了就叫“向上越权”。同时，也不能手里有权不用。有权不用的情况往往是因为上级的授权有问题。表面上是给了人家权力，实际上却没有，所以造成下属的权力有名无实。这叫作“向下越权”。解决这样的问题，首先从老大开始，你干扰了下属的行权也是一种越权行为。实际上因为老大的权力很难控制，所以在很大程度上需要老大自律。对其他管理者也是一样，所以第二条基本原则就是自律原则。自律不仅仅是说权力大小上的使用恰当，还有一条就是权力的适用范围。譬如，使用手中的权力谋私利就是不能允许的。小到让公司的司机给自己家买菜（这并不绝对，有的司机本身职责就有这一条），大到在公司订单中拿“反回扣”。

不是每一个管理者都能做到对权力行使的自律，所以就必须确定一系列的权力控制规则。权力控制规则的要点包括：第一，流程控制规则，如上节所述；第二，越权惩罚规则。向上越权是必须严厉惩罚的，不然对整个权力机制会造成极大的破坏。在公司里，产生“向上越权”行为最多的是老大的“心腹”，他们或是老大身边的人，或是老大很信任的人，或是老大的大舅子小姨子。虽然他们官儿不大，但在公司里吆五喝六，好像自己就是老大。这种人在公司里的负面作用大于正面作用，如果老大不把他们管好，他们自己又不能自律，会给公司和老大带来很多的麻烦。“向下越权”没有人惩罚也是个大问题。老大们应该给自己立一条规矩，啥时候自己忍不住一竿子插到底了，就罚自己三个月工资。不过，这个确实有一定难度。

利益规则也有三种：利益获得规则、利益交换规则和利益最大化规则。

这里说的利益当然是指个人利益，个人利益的获得规则同样是以“责权利”为基础。担多大责任，干多少活；有多大权力，就得到多大利益。话虽然是这样说，但实际上公司里真正能做到“多劳多得，少劳少得”，大家感觉公平的不多。为什么？因为常有人获得利益不是靠辛勤的工作。他们靠手中的权力或是靠拍马屁得到领导的青睐，或是私底下偷偷摸摸搜刮公司的利益获得不该得到的东西。第一种情况是权力控制体系有漏洞，是老大的问题；第二种情况是公司文化体系有缺陷，是老大的问题；第三种情况是公司管理体系不完善，还是老大的问题。如果公司没有这一类的问题，或者问题没那么严重，那么利益分配原则的要点就落在公司的激励机制上。在成长型公司里，激励机制是一个很重要也很难搞的事情。和成熟公司相比，它的主要难点在于公司业务的增长和变化。经常会看到这类公司每一年都要调整激励机制，这是没有办法的事，激励机制一定要与业务相配套，变是必然的。

利益交换规则是指内部利益交换。一个公司如果有一套良好的内部利益交换规则，那么它能起到的最大作用是部门之间的协作问题。IBM 做三年的业务战略规划“春季计划”（spring plan），总共三个月的时间里，就有好几次部门之间的“interlock meeting”。interlock 即互锁的意思，这个“互锁会议”是干什么的呢？大家讨论规划，最重要的任务是确定各部门的业务目标。目标确定之后，各部门要制定自己的战略和行动计划。其中，一个重要因素是不可能不去考虑的，那就是其他部门的支持和协作。除了基础支撑部门，如人事、财务等，业务部门之间也需要相互的支持。如果仅从大局观的角度出发让大家支持是根本行不通的，必须建立起一个利益链把大家“锁”在一起。

这个利益链的核心内容，就是利益交换原则。这种利益交换，通常比起外部的，也就是公司和客户、公司和渠道之间的利益交换更复杂。因为可以交换的，除了钱财之外，还有各种资源、人员、关系都是，同时也可能相互承担对方的部门业务目标。部门之间一定要做到“亲兄弟明算账”。IBM 人都知道有两种钱，一个叫作“绿票”(green dollar)，因为美元是绿色的，还有一种叫作“蓝票”(blue dollar)，因为 IBM 是蓝色的。但谁也没看见过蓝票长得啥样，因为那不过是内部单位之间结算的“货币”罢了。在清晰的利益交换原则基础上谈协作精神、谈大局观，才是比较靠谱的做法。

最后一个叫作“利益最大化原则”。作为企业，利益最大化是一种追求。但想做到各方利益都最大化几乎是不可能的，因为他们之间的利益诉求常常是矛盾的。基本的几方包括：股东（投资者）、公司（法人单位）、员工、客户。譬如，作为投资者，他期望公司利润越高越好，员工的工资越低越好，卖给客户的产品价格越高越好；但反过来，员工期望工资越高越好，客户期望价格越低越好。由管理层代表的“公司”和股东之间也有利益冲突，最常见的是短期利益和长期利益的斗争。平衡这些利益，通常是公司 CEO 最头疼的事，就算是董事长兼 CEO，也一样头疼。所以，这里的“利益最大化”不是说哪一方的利益最大化，而是正确建立其各方的利益关系，使之能够相互促进，达到总体最大化。许多公司是通过客户利益（价值）的最大化，来带动其他几方利益的最大化；而像海底捞则是通过员工利益的最大化，来带动其他几方的利益最大化。

思考、制定这六个规则并监督其执行，是公司老大的重要任务之一。

总裁的家庭作业

1. 你的企业中，真实的权力规则是什么？
2. 你的企业中，最核心的利益规则是什么？
3. 你给你的下属们制定清楚规则了吗？

| 第七节 |

谁都重要，谁都可以被代替

公司老大最“怕”的事情之一，就是公司里的“重要员工”炒了公司。所以，对于那些有资源有权势的副总裁，对于那些有能力有业绩的部门经理，对于那些有一技之长的员工，就会格外地关心照顾，生怕人家离他而去。甚至，有时到了反过来拍下属马屁的程度，如私下里给谁买辆豪车啊，公司出钱去欧洲旅游啊，上个名校的MBA呀……这还不算什么，更麻烦的是有的人因为自己有资源、有能力、有权势(在公司里培养了自己的势力)，就飞扬跋扈起来，甚至不把老板放在眼里。老大呢，因为他重要，有时候明明知道他是错的，也不敢否决他的方案。这样下去，老大的“江山”还会稳吗?

所以说，对公司的“重要人士”，一定要做到“倚重但不依赖”。怎么做到呢？就是要创造出“每个人都重要，每个人都可以替代”的环境。

前面我们讲过，创造这样的环境，首先是制度流程体系，更高层次是文化。大公司之所以能做到这一点，是因为他们靠体系运转，任何人都是一个零件，少了谁都成。

虽说“少了谁都成”，但是真的少了谁，还是会因人的级别和职责高低对公司业务造成一定影响。所以，一定要争取做到，不管什么样的职位，一旦空缺，在最短时间内就能有人替代。

老刘以前在外企做经理、做总监，都知道每一年公司会要求这些管理者们提交一个名单，上面写着如果你不管什么原因离开这个岗位，你认为哪3个人可以接替你。实际上，如果你真的走了，很少会有你提名的人接替你的情况发生，但提交这种“继任者名单”本身就是给在任者一个提醒：你别牛，缺了你这颗鸡蛋，蛋糕照样做。

这需要一套机制，叫作“继任者”计划。继任者计划的主要目的，当然不是给现任者压力，这只是其中一个副产品罢了。其主要目的是，为公司在每一个层次上准备充分的合格人才。因此，继任者计划最重要的内容是人员的能力培训，包括专业技能的培训和在岗培训。这个计划的重要性在于，当公司因为战略调整要进行组织调整的时候，当公司因为发展需要干部补充的时候，当某些岗位因为各种原因需要人才紧急上位的时候，领导不至于抓瞎。

总裁的家庭作业

1. 你有“继任者”吗？如果没有，什么时候开始培养？

2. 你的干部体系中有没有“继任者”计划？

| 第八节 |

分权制衡

我们在前面花了很多篇幅讲公司的老人怎样放权，主要是从发挥下属积极性的角度，强调老大不要把权力过于集中到自己的手上，不管是抓大放小，还是抓小放大，一定要根据公司责权利平衡的原则，给下属充分的权力。

但反过来，如果给下属的授权过度，也会造成很大的问题。其中，在副总这个层面上反映出来的问题最多。

有一间总部设在北美的公司，老板是一个北京出去的华人，做得很成功。某年找到老刘说要请老刘去帮他管理中国的业务。谈了N次，各方面都很好，但是最终没去，什么原因呢？因为他们原先在中国是有总经理的，这个总经理还是老大的小姨。经过见面交流，以及从公司其他同事处了解情况后发现，这个小姨才是公司实际上的管家，什么都管。

你如果遇上这样的情况，会不会同样退避三舍？

其实，这样的情况发生在很多公司，这个人或许是跟老大有什么亲戚关系，或许是当初跟老大一起创业出来的元老，绝对“以公司为家”，公司所有的事儿都是他自己家的事儿一样，不管该不该管，都要插一杠子。如果您真是有那个水平，管得有理也罢了，往往是一点芝麻大的小事儿，他恐怕只为了证明自己的存在和展现权力，就上去一顿指手画脚。如果老大对此睁一眼闭一眼，结果只会闹得公司上下怨声载道，大家背地里骂，其中一多半是骂老大。

另一种是，把业务权、人权、财权集于一身。这通常是所谓CEO的角色，又没有一种行之有效的控制措施，就由着这个人胡乱做各种决定，反正老大不管，别人也管不了。结果，不会有多长时间，公司就危机重重。

更多见的是，公司副总这一级实权太大。老大放权，只是放到了副总这一层，结果造成的情况是：在业务领域，各业务部门的一把手变成了副总的秘书，从上到下业务都是副总说了算，大订单在他手里，大客户在他手里，大伙伴在他手里，部门经理他说换谁就换谁，业务组织他说变就变，老大怕他如果不高兴了，公司的业务可能就会下降三成；在财务领域，CFO具有无上的否决权，业务部门不管什么样合理的投入需求，都会被CFO一句话否定，还会振振有词地说这是他的职责云云，其结果是严重阻碍公司的发展。在个别公司，负责人事行政的副总（可能会挂上COO的头衔）比CEO的权力还大，那就是笑话了。

这都是权力过于集中的结果。所以，权力一定要合理分散。

分散权力有两个维度，一个是上下级的权重，一个是不同职能之间。譬如上边说到的，业务线和财务线。公司的业务线就像是汽车的方向盘和油门，是负责把汽车在公司确定的正确方向上往前开，而且理论上是开得越快越好；而财务线最重要的职能是供油和刹车，其中刹车功能常常跟油门发生冲突。但这确实是其工作职责，也是为什么财务部要有一个很重要的职位叫作“财务控制者”（Financial Controller），这个控制者经常是CFO本身。因为在他看来，安全是第一位的。具有同样功能的还有法务部，那里有一群只会说NO而不会说YES的律师，律师会告诉你怎样做不行，可告诉你怎样做才行则不是他的责任。在成长型公司中，人力资源部门通常是加油的角色，有时候也会扮演踩刹车的角色。

上下级之间的权重分配必须按照责权利平衡原则，给予各级管理者相应的权力，而不是仅仅集中在某一条线的上端。权力向下的分散度越大，对管理制度、管理流程和管理能力的要求越高，同时也最能发挥全体员工的工作积极性和最大限度提高工作效率；反之，权力向上的集中度越大，下边的工作主动性和能动性越差，同时对老大造成的潜在威胁也越大。唯一的“好处”就是“人治”不需要繁琐的流程控制。公司小的时候这也许没有问题，一旦长大到了上千人的时候，人治就行不通了。

职能间的权力分配最能考验老大的能力，因为其根本原则有两条：第一，必须保证公司的发展速度和公司安全之间的最佳平衡，既不能出事儿，又不能跑慢了；第二，必须有一套机制来解决“油门”和“刹车”之间每天都可能发生的各种矛盾，必要的时候老大要亲自出马做出判断是该踩油门还是该踩刹车，不然就会形成公司内部各种“议而不决、决而不行、行而不果、果而不察”，内耗严重。

公司里做CEO的，尤其是空降的CEO，经常会认为自己是公司的“一把手”（经营意义上是的），因此认为CFO也是自己的下属，也要听自己的话。CFO一旦对他的决定提出异议就火冒三丈，到董事长那里告状说这活儿没法干了。岂不知这是CFO的本职工作。这就是为什么在很多公司，CEO和CFO是两个股东派出的了。他们之间的关系，本身就是协作和制衡的关系。

这两个方面的制衡关系在企业里是最重要的。除此之外，人事权和业务权、财务权之间的分工制衡也是一个重要方面。相对来说，人事权的布置要更加敏感和复杂。因为人事部门经常被认为是业务部门的服务单位，它的职责是业务要什么人你满足就是。在某种程度上，老刘是同意这样的观点的。但由于人力资源的重要性，很多公司特别设有专门负责的副总裁或高级副总裁，把控人员质量尤其是中高层干部的质量。人力资源部门的“权力”在于，对公司人员给出专业的评估，防止各种任人唯亲的可能。

分权制衡的要点之一是任何一方的权力不能超越另外一方。某一方超过另外一方，其主要原因是某一方的强势。强势的原因一方面可能是个人能力和风格，更主要的是老板缺乏制衡意识，对某一方过于依赖因此放任。从战略上讲，根据公司业务的发展情况，在某个阶段，某一方的优先程度可以适度地大于另外一方。譬如，当公司业务发展不好或遇到良好发展机会时，财务控制可以相对宽松，适当加大某些业务部门的投入，增加员工激励资金；在公司利润指标发生问题时，银根相对紧缩，财务部门可以采取一些措施。某些公司就会在这时发出通知，禁止员工跨界出差（如不能出国）。这样做肯定会在一定程度上影响业务，但这是完成公司利润指标必须做的，公司高层决定就必须执行。然而，这种战略或战术上的倾斜不能成为常态，一旦一方的权力超越了其他各方，公司的运转就很容易失控。如何掌控这样的动态平衡，是公司老大领导艺术的必修课之一。

分权制衡的另一个要点是，不能允许各方之间的私下妥协。譬如，业务一方为了完成业务指标，要求人事部门新招员工 100 人，并要求财务部门同意新招 100 人的资金计划。三方协商之后，报告老板说我们都商量好了。懒惰一点的老板会认为既然他们都商量好了，一定是没有问题，可以执行了。但这样一个决定很可能是错的。为什么？因为业务一方也许根本没有对自己的业务做深入分析，以为只要加人就可以实现业务增长。

其实，真正的问题也许在于调整业务结构，业务结构调整好了，不需要加人也能够实现增长。所以从战略上，老板必须要求业务部门回答如下几个问题：实现业务增长的主要障碍在哪里？在不增加资源的前提下，是不是可以通过其他措施实现业务增长？如果非要招人，新招 100 人的依据是什么？为什么不是 50 人？这些人招进来要放到什么岗位？需要什么样的能力？花费多少成本？能实现多少增长？怎样实现这样的增长？如此等等。其实业务部门之所以私下跟人事和财务部门达成“一致”，在很大程度上就是不愿意认真考虑上述的问题。

总裁的家庭作业

1. 你公司里的权力分配是不是一个相对平衡的结构?

2. 权力之间的制约是不是正面的? 如何消除权力制约带来的负面影响?

3. 在下属权力发生冲突的时候，你怎样解决?

| 第九节 |

摆正副职

老百姓有一句很有意思的俗语，叫作“吃食吃素，穿衣穿布，当官当副”。什么原因呢? 稳妥舒服。当然，这主要指的是在那些非商业化的组织中，譬如美国的副总统就是典型。但在公司这样的纯商业化组织当中，是不是也存在这样的问题呢?

答案是复杂的。

在中国企业里，都有大量的副职。老刘曾经看过一间700人左右的公司，全部正副职“管理人员”加起来有将近200人，一个不超过10人的小部门里，就会有一个正职和两到三个副职，真正员工倒没几个。下至副主管、副经理、副总监、部门总经理助理（副总经理级）、部门副总经理，直到助理总裁（副总裁级）、副总裁、高级副总裁、执行副总裁，林林总总，复杂无比。然后发现，这种现象并非这家公司独有，很多成长型公司都是如此。

什么原因? 很简单。因为“官本位”文化，因为人才的上升渠道只有一个——当官，甚至把给员工一个虚衔也作为一种激励的方式。譬如，某家公司就有N个“助理总裁”，原本这些人在部门经理的位置做得好好的，也许就是因为做得太好了，老板就给他们这么一个头衔，这些人不知道这个“助理总裁”要干点什么，搞不清楚自己到底是“中层干部”还是“高层干部”，副总裁们也不知道这些人是自己的下级还是平级，没当上“助理总裁”的部门经理心里都不爽：他们明明跟原本干的活儿没啥区别，为什么就升了半级呢？总之，上上下下一笔糊涂账，研而优则仕，销而优则仕，营而优则仕……反正不管你是干什么的，你做得好，往上走就“自古华山一条路”，就要做管理，就要管人。至于他愿不愿意管人，愿不愿意做管理，能不能管人，能不能做管理，没有人理会。关于这一点，我们在前面已经有过论述，不再赘言。

结果呢？众多的副职给公司管理带来了巨大的问题。一个不大的公司，官僚气息很重。根据老刘的观察，公司的副职给公司带来的负面价值大于正面价值，尤其是在管理上。

我们回到高层来讨论这个问题。现在公司里的副总大致有两种，一种是职能型。这里面包括各种C×O，除了CEO之外，最常见的是负责财务和投融资的首席财务官CFO，负责日常运营的首席运营官COO（COO有两种，一种是负责业务的，一种是负责人事行政的），负责产品和技术研发的首席技术官CTO，还有首席营销官CMO、首席人才官CHO、首席战略官CSO，等等。另一种副总是业务型，负责公司的各主要业务模块，通常挂副总裁头衔。在事业部型的组织结构中，大的事业部总经理也会兼公司的副总裁。

副总裁之所以是副总裁，通常都是“分管”公司一部分业务的组合。譬如销售副总裁，就分管公司下面的若干销售队伍，这种销售队伍可能是按产品划分的、按行业划分的，或是按区域划分的，或是按渠道划分的，也可能是混合的；在大的组织中，这几条线可能分别由一个副总裁负责，上边再设一个高级副总裁，如首席技术官会分管技术研究、产品开发、产品服务等部门。

在多数情况下，各部分业务的核心，也就是我们通常所说的“真正干活儿的”是具体各业务部门的经理或总经理，因为具体的任务指标是放在他们肩膀上的。但问题是，因为他们的上头有一个副总裁做老板，他们的权力经常被上级剥夺，只有干活儿的份儿，所以他们就经常不爽。

这种情况如此普遍以至于大家虽有诸多怨言，也见怪不怪。为什么会这样呢？表面上的原因可能是：第一，这些做副总的，大多数都是跟老板打江山的人，劳苦功高，对公司业务熟悉，得老板信任。重要的是，他们对公司的归属感很强，所以有很强的责任心，看见什么事儿都觉得有责任管上一管。同时，因为他们把公司从小到大做起来，几年十几年都在这个公司，已经形成了一套自己的管理方式和风格，在公司10个人的时候这样管理，在公司500人的时候还是这样管理。第二，他们的下属，要么是从公司里提拔起来的，原本就是他们的部下，所以指挥惯了，下面的人也不敢反驳；要么是从外边招进来的，不放心，生怕出什么篓子，所以就乱插杠子。更深层次上的原因是，公司在成长的时候，从老大开始没有及时做出公司管理及文化上的调整。这是因为每个成长型公司都有一个快速成长期，在这个成长期中，公司的主要精力放在抓住和拓展业务机会上，有情可原。但在走到一定程度的时候，就必须回过头来好好练内功。

如果我们深究“副总”这个层次的角色定位，会发现有一些尴尬。我们期望副总在公司的业务中起到什么样的作用呢？管业务？他夹在部门经理和公司主要管理者（可能是老大，也可能是另外一个CEO）中间，对前方的情况没有部门经理熟悉。管人？他下面只有几个部门经理，你整天盯着人家没什么意义。管战略？公司老大难道不应该管战略吗？相关的业务战略不能由老大和部门经理一起商定吗？

提出这样的问题显然过于偏激，因为大部分的公司里就是这样运行的。所谓“存在即合理”，一定有其合理的地方。也就是说，副总是有作用的。是什么作用呢？副总应该怎么定位呢？

第一，副总应该是业务的指导者。他坐在比部门经理高一层的位置上，理所当然应对业务的理解更深、看得更远。所以对于下属部门的业务，他要做的是方向上和方法上的指导。譬如不同业务之间的侧重，哪些行业和客户应该加大投入，哪些地方应该逐渐减弱或抛弃掉。这种指导，应该是战略和战术的结合。他甚至可以凭着自己的经验和知识指导一个大项目的实施，或指导一个大客户的攻坚部署。

第二，他应该是资源的协调者。因为他站在公司层面，在下属业务需要资源的时候，要帮助部门经理协调和整合这样的资源。资源包括两个方面：一个是内部的，包括人、财、物和其他业务部门的配合；一个是外部的，即客户资源、政府资源、伙伴资源等。

第三，他本身就是业务部门的资源。他的能力、他的经验、他的各种关系，以及他的知识都是业务部门可以且必须享用的重要资源。在某种意义上，他还应该是部门经理们的“导师”或“政委”。除了解决业务上的问题之外，思想上的问题也要解决在找老大之前。

第四，他应该是部门经理和老大之间的桥梁。这个桥梁不是指那种上传下达的传话筒，而是帮助业务部门更好理解老大战略意图和让老大更好地理解部门业务状况和想法的那种桥梁。

第五，他还应该是部门和老大之间的“防火墙”。也就是说，他要阻断从上到下或从下到上的负能量传递，甚至把负能量转换成正能量。譬如，老大可能是一个火爆脾气的人，可能在某个会上因为某部门做错了事而大发雷霆，不容人家分辩就把人家骂个狗血喷头。被骂的人不管是不是感到委屈，都有可能会情绪低落，轻则影响业务，重则产生其他想法。在这种情况下，副总的作用就显得很重要，他需要去做一点“思想工作”防止这种负能量的传播和发酵。

总而言之，副总的角色不应该是一个权力很重的角色，而应该是一个以辅导和服务为主的角色。

副总一级的权力过大，可能会造成严重的后果。首先会形成各种山头，把公司内部弄得派系林立，同时会使某些有雄心有野心的副总裁产生“非分之想”。查看以前的企业历史，最严重的问题大多发生在副职身上，包括：

公司政出双头或多头；拉队伍出去，自立山头，公司分裂；个人野心膨胀，篡班夺权。

总裁的家庭作业

1. 经常看到公司老大的下属有十多人甚至二十多人。你的直接下属有几个？书上说最多不超过七人，其实是有道理的。你为什么会有那么多直接下属，是组织的问题，还是你的管理问题？
2. 在你的公司里，是副总的实权大，还是一级部门总经理的实权大？你怎样定位副总们的权力和地位？
3. 你的干部队伍中有多少副职？有多少副职是出于“奖励”而不是从管理的角度设立的？

| 第十节 |
中层为要

上一节把“副总”贬低了一把。有人会问：外国公司里不是有那么多“副总裁”么？譬如 IBM，全球的副总裁大概有上千人，怎么解释？没有在这种公司工作过的人会有误解。其实，大公司里的“副总裁”不是一个职务，而是一个级别。也就是说，你的级别上升到一定程度，你就是 VP，譬如 IBM，到了 Band C，就是“副总裁”。

举个例子，如果你看到某个 IBM 的人给你一张名片，上边写着“副总裁，××× 部门”，说明他的级别到了 Band C 以上，可能是 Band B 或 Band A，但他的真正职务并不是这个部门的副职，而是正职，他的真正职务是我们所说的“××× 部门总经理”。如果名片上印的是“IBM 中国副总裁”，并不是说他就是 IBM 中国总裁的副手，而是说他的级别可以叫副总裁了，具体干什么，应该后面还有“××× 部门总经理”。如果看英文，就会更加明确一些，譬如“ VP, Marketing，IBM GCG”，意思是他负责 IBM 大中华区的市场推广，甚至可能不是IBM大中华区市场部的总经理，但他级别够了就可以这样写。所以在 IBM，职级代表地位，但不代表权力，职务才代表权力。

理解这种职级体系，更好的办法是看军队，因为他们之间是相同的。军队里的职级是士、尉、校、将、帅。譬如同样是大校，你的职务可能是师长，但也可能是参谋，师长有权力而参谋没有。师长之下还可以有若干大校参谋。同样，在 IBM，一个 VP 的老板可以仍是 VP，老板的老板还可以是 VP。如果理解了这种“职级”和“职务”的不同，你就会看到，多数的 VP 实际上都是部门负责人，甚至多数的高级副总裁（Senior VP）也都是具体部门的负责人，只不过他们的部门比 VP 们更大罢了。广义上讲，在我们的理解中，他们都算是“中层”。

就像一个社会的中坚力量是庞大的中产阶级一样，一个企业的稳定最需要的是强有力的中层。广义上讲，所谓“中层”，包括了公司所有“管人”的经理们。如果公司里从员工到总裁的汇报路线一共有五层，那么中间的三层就叫作“中层”。对于企业老大来说，最重要的是一级部门，就是离你最近的那一级部门经理或总经理。如果画一张公司的价值贡献曲线图，你会发现这一层的价值贡献在最高处。基于此，作为公司老大，一定要把权力中心从副总一层下移到部门经理一层。

事实上，一级部门的领导是最应该得到足够权力的，因为真正的任务压在他们头上，而不是副总们身上。他们是真正带兵打仗的，在很多情况下他们甚至需要身先士卒、冲锋陷阵。如果讲“责权利”，那么他们负担的实际业务责任是最大最实在的。副总和一级部门经理的关系在很多公司都是管理上的痛，也是老大的痛。其根本原因之一就是副总们和经理们的权力之争，很多老大纠结于给谁的权力更大一些会更好。答案是明确的：给中层。

给中层权力的第一条是，要真的给人权和财权。任务是人家领的，应该选什么样的人来干活那是人家的事儿，人家的副手也好，二级三级部门的经理也好，让人家自己选、自己定。作为老板，你可以推荐，可以建议，但不能代替人家做决定。预算要做好，在人家预算范围内的钱，人家有怎样花的权力。你可以规定所有的流程，甚至也可以规定一次性花钱的限制数，但不能说人家花一分钱都需要公司 CFO 批准。当然，如果他钱花得太快，到后半年没钱花时，你可以不给他。如果他因此完不成任务，你也可以撤他的职。

给中层权力的第二条是，要真的给业务决定权。这一条比第一条还难做到，因为他们的上司，也就是那些副总们通常都会认为自己的业务水平高于部门经理，所以就经常替他们做业务上的决定。要做到真正的业务授权，必须先让副总们成为上一节的五条所规定的角色，尤其是要允许部门经理做出的决定跟副总的建议不一样。当然，在出现这种情况时，部门经理有责任和义务跟副总解释清楚为什么不一样。

一种极端的做法是，不设副职。其实说“极端”是对某些人说的。就在这本书写到上一节的时候，一个在微软入资的中国合资公司做总经理的原同事来访，午饭间说起来，老刘便宣扬了一番“中层为要”的理论，没想到那位老弟听了抚掌大笑说：“哎呀，我们公司就没有副总，我算是歪打正着啊！”

于是，想起当年老刘在微软中国打工，进去的时候是 OEM 部的总监，管 Windows 系列产品的电脑预装业务，是个部门经理的角色。后来中国的总经理为了“本地化”，就给几个部门经理的名片上印了“微软中国副总经理”的头衔。而实际上，无论在内部职级还是内部职务上，是没有“副总经理”这么一说的。大外企在中国的组织中，不止一家有这样的做法：为了出门有面子和办事方便，你的名片可以印上“总经理”“副总经理”这样的头衔，至于回到公司，您该是啥还是啥，不会因为你的名片上是“总经理”就真有谁把你当总经理对待。于是，当你看到“××× 公司大中华区 ×× 部西南地区医疗行业销售总经理”这样的头衔时，你就把他当成一个普通的销售对待就是了。

不要设副职，如果实在不行，不要设太多副职。尽量不要设助理总裁这样奇怪的职务，总裁也不需要“总裁助理”这样职位，尤其不需要好几个。最要紧的是，不要把给虚衔作为奖励的一种手段。因为这样做的最后，可能会害了企业害了自己。

总裁的家庭作业

1. 你把中层干部的建设放在什么样的位置？你是不是（曾经）认为比起副总一层来说，中层并不那么重要？
2. 为自己制定一个制度：至少每个季度找所有的中层干部一对一谈一轮，听听他们的心里话。你会从中得到益处的。
3. 尝试“副总虚化”。

| 第十一节 |

轮岗制度

IBM 有一个规矩，你在任何一个职位坐上三四年，上级就会考虑给你换一个位子。而且高层的位置，尤其是国外派进来的高管是有任期的。任期满了，如果你愿意，老板也愿意，你可以续任，但是一般不会超过两个任期。同时，如果你在一个岗位上坐满了三年，你就有权利要求调岗。就算没满三年，你在这地方干得不爽，也可以在内部找位置。所以，每到年底，IBM 的同事们就有很多人忙着找“工作”。一个人可以在 IBM 干上一辈子，譬如前 IBM 大中华区董事长周伟焜就为这家企业干了四十多年。但很少有人在同一位置上干很多年，像周先生那种领导中国业务十多年的真不多见。

轮岗，尤其是高层的内部轮岗，有诸多的好处。

第一，组织上避免形成内部宗派，不给那些有能力的领导者长期发展

“粉丝”的机会。

第二，是培养继任者的重要步骤。在有能力的领导人上升至更高层级之前，需要广泛和深入地了解相关的业务。做业务的领导去做人事总监，财务总监转做业务发展这种事儿在大公司并不鲜见。

第三，防止高官们在某一个位置上做“疲”了，因此缺乏工作热情，缺乏创新精神。几年动一动，换一份工作，有利于精神上的调整。

第四，对部门间的合作有重要的积极作用。换位思考的习惯可以从轮岗中形成。

曾经和一些成长型企业的老大讨论过关于干部轮岗的问题。多数人认为这样做的可行性不高，原因是企业没有成熟的人力资源管理和发展的体系。其实，更深层次的原因大家不好意思说，那就是企业里中层以上干部的流失率太高，很多人还没干到3年就离开了，还谈什么轮岗。还有一种原因，就是“那个位置缺不了他”，别人谁来都玩不转。这才是最大的问题。企业的任何岗位，都会经过这样一个过程，从“缺不了某人”到“缺谁都成”。这其中自然要冒一些风险。你说让一个销售总监改行去做人事总监没有风险吗？当然有，但你不冒这个风险，就得冒另一个风险，那个风险可能比这个大得多。

轮岗的制度是长期形成的，所以也不建议那些成长型企业的老大太早开始这种尝试，因为这种制度毕竟需要一套平台的支持。但是，当你发现你的企业里某些人要逐渐形成“派系”的时候，某些人对自己的业务开始“疲”了的时候，你就可以考虑为某些人安排轮岗。对方愿意不愿意不是你考虑的问题，你考虑的问题是有没有必要这样做和怎样做更好。

轮岗实际上是一种“权力的移动”。企业里的权力就像是水，流动起来才会平衡。

总裁的家庭作业

开始着手建立轮岗制度，通过轮岗培养要提拔的干部和要淘汰的干部。

08

杀罚果断

| 第一节 |

“慈不当政”与奖惩并举

某公司的一个一级部门总经理，因为总是觉得和老大沟通得不好，“没有共同语言”，情绪低落。其实这位老大是个很有想法、很有毅力，尤其是为人处世很正派，对大家都很好的人。但那个部门总经理说：“他缺乏魄力，总是做老好人。而我是想干事儿的人，跟他和不来呀！”

这种情况不在少数，所以老刘曾和不止一个企业的老大开玩笑说，哪天老刘给你写一个匾，挂在你的办公室里，上书四个大字：“慈不当政”。之所以这样，是发现不少做老大的，表面上样子挺凶，有时候骂起人来，也完全不留情面。但是，真的要“杀人”的时候，又下不了手。结果，当断不断，反受其乱。

成长型企业的一个重要特点就是，因为业务增长快，人才奇缺。所以，老大的心思往往在留人上面，于是形成了一种不正常的氛围：做得好的可能会受到褒奖，而做不好的往往得不到惩罚。久而久之，做得好的人也开始懈怠，曾经的激励措施也不再有任何刺激，大家开始走向平庸，公司也开始走向平庸。

公司里的制度都是奖惩并举的。奖励在不少公司得不到兑现或是有折扣的兑现，结果老板落下了说话不算数的恶名。员工们提及这些事总会愤愤然，说当老板的不是东西。但对于那些没有完成任务、本该受到惩罚的经理或员工，惩罚的不兑现在表面上会得到当事人的感激，甚至得到某些人的赞扬，说老大懂得人情、老大理解下属、老大宽宏大度。其实，惩罚不兑现对公司的腐蚀程度高于奖励不兑现。

对于大多数人来说，工作的主动性并不是发自内心的强大，所以就需要有激励制度。奖励就是往上拉动人们工作积极性的，而惩罚就是设定了底线，你至少要达到什么样的目标，否则就会受到惩罚。

惩罚的方式可以是多种多样的，轻者可以在会上做检讨，重者可以罚掉奖金、降薪、降级、劝退，甚至开除。在非常“国企化”的IBM公司，开掉一个人不是件容易的事，但同样有各种惩罚制度，前面讲过的PIP就是其中一种比较轻的惩罚方式，重一点的就是降级。在老刘曾经的同事中，就不止一位因为各种原因遭到降级。当年的Dell曾经有一位大中华区的总裁，据说外号叫“两季度先生”，其来源就是这老兄对下属的要求之一就是，如果你两个季度连续没有完成任务，你就自己写辞职信，卷铺盖走人，别等着我炒你。

大家都知道，对懒人的容忍就是对勤快人的惩罚。实际上确实如此。比这更糟糕的是，那些完不成任务的人、那些对公司没有贡献的人，还会因为自己没有得到惩罚而洋洋得意，并传达给其他的员工，这就是所说的“负能量”的一种。

负能量给公司带来的腐蚀性是相当严重的，就像树木内部的虫子一样，虽然看不见，但可能会把整个一棵大树毁掉。同时，干得好的人也会因此对公司更加失望。

为什么那些应该惩罚的人得不到惩罚呢？尤其是对某些高管？其中的主要原因是老大的心慈手软。一方面，他们会顾忌如果惩罚了某人，他会不会因此情绪低落，工作不积极，以致影响后面的业务，甚至会不会因此就撂挑子不干。那样的话，老大不就抓瞎了吗？另一方面，老大会因各种理由为他们开脱。比如：因为市场环境不好啊，因为竞争对手太强啊，因为内部人员不给力呀，就算人家没功劳但勤勤恳恳也有苦劳呀，如此等等。还有就是所谓的“爱才”，因为他有能力，为了保护他就大事化小、小事化了，只要别人不说什么（表面上不说），找个场合训斥一番就算了事。

这是老大的一种典型的短视。顾及的只是眼前的这个他，而没想到长远和对其他人的影响。从长远看，是公司激励制度的严格执行和维护的问题。诸葛亮挥泪斩马谡，为何？因为他们是立下军令状的。大丈夫一言既出驷马难追，不然以后怎样服众？从影响看，你放过了一个就得放第二个，不然别人就会觉得不公平。于是乎，你的什么制度、流程、激励，全都成了一张废纸。还会有人服你吗？

其实就算是对当事人本身，该惩不惩也是一种伤害。从心理上，他会觉得老板缺不了我，甚至老板怕我，因此滋生出一种傲气。时间久了，恐怕老大就要反过来哈着他了。这恐怕不是任何一个老大期望看到的。

从另一个角度看，如果一个公司高管因没有完成任务或因犯了错误受到了惩罚就骂娘、消极，甚至撂挑子，那么这个人的素质一定存在巨大的问题，他是不是具备做高管的资格都有疑问。我理解柳传志说“干部要折腾”中的内容之一就是能上能下，做好了向上，做不好向下，天经地义。长期完不成任务或犯重大错误就走人，对谁都一样。做老大可能需要九个面孔，九面之中的一个叫作“铁面”。

对很多人来说，仁慈是一种性格。虽然说江山易改本性难移，但是你要做老大，要做领袖，就必须咬着牙改变。你不必太担心，天塌不下来。只要你咬牙做了第一次，第二次就容易得多。不信就试试吧！

总裁的家庭作业

1. 评估你的仁慈带来的结果，正面的有多少，负面的有多少？
2. 如果你还没有亲自开掉过下属，那么你需要开始。
3. 尤其对于自己寄予希望的干部，心一定要硬起来，该惩罚的时候绝不能手软。

丨第二节丨
"杀无赦"的四种人

第一种人，搬弄是非者。一个做老大的朋友，曾经愤愤然地给老刘讲述他把公司里最优秀的销售亲手干掉的故事。

对于成长型公司来说，一个好的销售可以说是千金难求。在这个阶段，做老大的多多少少都要忍受销售，尤其是比较有能力的销售身上或多或少的各种毛病。那么这位老兄，为什么就下了狠心把他"最优秀的销售"干掉了呢？

说实话，这个销售非常能干，脑子也灵活，如果单论业绩而言，她绝对是排名第一的。但是，她有一个非常坏的毛病，就是特别喜欢在公司内部搬弄是非，插手很多跟她八竿子打不着的事儿，甚至涉及老大的司机和秘书。虽然说女性一般会更八卦一点，但像她这种不但八卦，还经常喜欢挑事儿，挑了事儿好看热闹，到处添油加醋胡说的人真是少见。

打从这个人加入公司以来，公司的销售业绩有明显增长，与此同时，公司的蜚短流长也同步增长，大多数留言的根源就来自这个人。她不但到处长舌，而且对于和她配合的人，尤其是技术人员还特别不尊重。以为自己业绩好别人就必须为她服务，稍有差错就破口大骂。搞得公司里所有的售后工程师，都不愿意跟她去见客户和出差。这种情况和销售部门的经理也谈过几次，因为这个人是经理介绍来的，经理说提醒和批评过多次，看在业绩不错的份儿上，就一直这么凑合着。

直到有一天，公司里不知道怎么就传出老大要离开公司另起炉灶的谣言，经过追查，又是这个销售。“我是忍无可忍呀，”这个老大说，“所以就只好咬着牙把这个人开除掉了。”

这种人就是我们常说的公司“蛀虫”之一，也是负能量的产生者和传播者。虽然她是销售的功臣和贡献者，但相比较起来，这个人给公司带来的负面价值远远超过正面价值。对待这种人，只有一条路——“杀”。

第二种人，结党营私者。前面我们说过，有人的地方就有政治。物以类聚，人以群分。一个公司到了几百人几千人，形成一些所谓的“派系”一点都不奇怪。各种不同风格的管理者都会有一些追随者，因为他的能力和他自身的吸引力，跟随多年的人习惯了他的风格，所以就变成“喜欢”跟他走。这些是正常的。

但是，如果某些管理者有意、主动甚至花尽心思去拉拢、教唆、收买一些人变成自己的死党，就不能容忍了。所谓“结党营私”，只要是“结党”的，还没有听说过哪一个不是为了“营私”。这其中的“私”可能是某些利益，更可能是权力，因为权力也是为了长远的利益。这种权力和利益超越了公司给予他的权力和利益，和公司本身的权力和利益肯定是矛盾和背道而驰的。否则，为什么叫“营私”呢?

能够算得上“结党营私”的，通常都会在公司管理的上层，不然他没那么大的权力和影响力。在这一层的结党营私往往是后来公司分裂、团队出逃，甚至老大被掀翻的第一步。所以，对于出现的任何这种苗头，都必须给予无情打击。或者从组织上做出适当调整，或者从岗位上调整。老大一旦发现，要对当事人给予警告乃至严重警告，警告无效者，“杀无赦”。

第三种人，吃里扒外者。近几年出现了一种现象，是老刘这一辈人难以想象和接受的。那就是不少人在为一家公司打工时，还在背后悄悄做着自己的生意。如果这生意和公司的生意毫无瓜葛，人家不过是在业余时间多挣份钱也就罢了，顶多上班时精力差一些。但如果他的个人生意吃掉了公司的部分利益，就是不可饶恕的。道理很简单，他是在以权谋私！而且，一旦公司利益和他的个人利益发生矛盾时，他一定会站在自己利益这一边。这些人大多数是忠诚于公司的业务而不是忠诚于公司的，甚至其中大部分还会和公司的竞争对手勾勾搭搭。更严重的，把公司的资产（技术资产、产品资产等）拿到自己的公司里去，反过来和自己服务的公司形成竞争。这样的人，属于埋在公司里的“定时炸弹”，必须早早清除。一旦发现，“立斩不饶”！

第四种人，超越底线者。一个做 CEO 的朋友给老刘讲过这样一个故事。

某一年公司业绩不错，年底调整员工工资。之后，有两个人前后脚打到了 CEO 的办公室。这两个人是一个部门的，甲比乙早来公司两年，乙虽然来得晚，但已是该部门的业务主力。所以在涨工资的时候，甲涨了 2000 元，乙因为业绩突出涨了 4000 元。结果呢？甲不满：“他比我晚来两年多，凭什么比我多涨 2000 元？他不是已经比我多拿了奖金吗？”同样，乙也不满：“这个甲虽然是公司的老员工，但他这一年几乎什么都没干，公司凭什么还要给他涨工资？”

CEO 听了，把两个人一起叫到办公室，告诉两个人说“你们两个，现在去找人事部。告诉他们你们被我开除了”。两个人听了大吃一惊，为什么？就因为我们两个对对方涨工资有意见就被开除吗？这是什么道理？CEO 听了呵呵一笑：“你们是怎么知道对方涨工资的数目的？知不知道工资薪酬保密在员工守则中是底线？不管你们怎样知道的，还因为不该知道的东西发生矛盾，你们已经突破了底线，所以只好走人。如果不是这样，大概我们公司几百号人的工资很快就成公开的秘密了。那还怎么管？”

老刘为这个 CEO 哥们儿鼓掌。千万不要以为这哥们儿在小题大做。在公司里，有些事儿是不能姑息的。姑息了就会出大问题，这哥们儿开掉了两个员工，然后开会跟大家讲了这个故事，其薪酬保密制度从此就执行得很好。

所谓的底线有两种，一种是法律底线，一种是道德底线。曾经在饭桌上听某成功人士的同学评价该成功人士的成功秘诀是“法律有底线，道德没底线”，感到十分的悲哀，这是社会的悲哀。

法律的底线相对来说比较清楚。公司里的每个个体日常面对的大都是商业关系：与公司的雇佣关系，与客户、与伙伴的业务关系等。如何正确处理这种关系有各种法律的规定。譬如：法律规定不可以在商业活动中行贿受贿，法律规定你不能侵犯人家的知识产权，法律规定你不能把公司的财产窃为己有。这些规定就是底线，一旦你突破了底线，你就触犯了法律。法律不能饶，公司更不能饶。

道德底线就比较复杂一点儿，因为每个人对道德的认识是不一样的。对于一个公司来说，其道德底线通常都会或应该在其公司的价值观中体现，如“诚信负责”。那种在公司里谎话连篇的人、把同事往坑里推的人、坑客户肥自己的人、不负责任的人、临阵脱逃的人，都是打破了企业的道德底线的，必须择其严重者而诛之。杀一儆百，以儆效尤。

总裁的家庭作业

1. 你的公司里有上述四种人吗？是没有，还是你没发现？

2. 这四种人中可能不少是业务能力很强的人，你敢于把他们开掉吗？

丨第三节丨

必须妥善处理的四种人

企业里还有一类人是让老大头疼的，可能比前一节所说的四种人更让老大难办。因为他们都不是恶人，也不是坏人。恰恰相反，他们多数是“好人”，但是出于各种原因，老大必须谨慎用心地处理好他们。

第一种是"老臣"。在几乎所有的成长型企业，经过几年的发展，公司规模壮大起来以后，总有一批当初一起创业起家的老臣（包括创业伙伴）跟不上公司的发展。思想上不能与时俱进，行动上依然墨守成规，不但不能给公司带来新的价值，反而成为公司发展的障碍。对于这些人，因为有太过深厚的感情因素，以及他们在公司的根深蒂固，老大想动又不敢，不动又不甘，左右为难。

对于老大来说，当然你自己需要与时俱进。这在本书中已经谈到了很多。在这个基础上，你才能发现和体会到那些老臣的差距。一般来说，那些"老臣"首先的表现是对新事物和新做法的抗拒。譬如说，管理制度化和流程化的实施会影响这些"老臣"的权力，新人的到来会对这些"老臣"的做法提出挑战。在这个时候，不能与时俱进的"老臣"就会跳起来大喊说公司这样下去就危险了，其主要原因是他们觉得自己在逐渐失去对公司的"控制"。在他们心里，公司最危险的事情莫过于自己"管不了了"，因为自己管不了了，天就会塌下来，全然不想也不顾如今的公司已经成长了许多倍。

在这个阶段，老大一般还需要"老臣"顶住关键部位，所以，在与这些"老臣"妥协的同时，要不断把他们往上拉。要不断给他们灌输企业的危机意识和他们不能与时俱进造成的个人发展的危机意识。一部分人，会经过思考度过这样的危机，成为老大下一个阶段的核心伙伴。还有一部分人心理上、能力上都过不去，每天在公司里不再传递正能量。这时，老大就需要考虑给他们换换位置，至少不能再占据核心的管理位置。你可以用任何条件（顾问、薪水、股份）来安抚他，但他必须离开核心。

第二种是"好人"。因为企业发展的历史原因，很多企业在没人可用的情况之下会在早期提拔一些对企业忠诚度很高但能力很有限的人坐上管理岗位，这些人大多数在公司里被人称为"好人"。"好人"的潜台词就是"没能力的人"。这样的人大部分是因为本身能力的缺陷，很难通过学习和培训提高（当然如果可以是最好）。老大要是动这些人，仍然存在一个感情问题。

一方面是这些人大都“虽然无功，亦无大过”，除了平庸，也找不出什么大毛病。而且人家工作兢兢业业，你怎么能说拿下就给人家拿下了呢？另一方面，这些“好人”们通常在企业里都有不错的人缘，如果你动了他们，不但很多人会到你这里来说情，背地里可能还有人议论你，用“没有功劳也有苦劳，没有苦劳也有疲劳”那一套理论替“好人”打抱不平。

做老大的必须记住，企业是经济动物，企业的利益是最高利益。对于这些“好人”，如同上边所说的“老臣”一样，你可以给他们更能胜任的工作做，可以给他们足够的面子，但不能让他们待在你业务需要冲刺的核心队伍当中。正确的做法是，在这些人的业绩发生问题的时候（一定会发生问题），为他们做出调整，或是因为能力问题部门内出现较大问题的时候，及时作出调整。

第三种是“功臣”。在企业发展的每一个阶段，都有可能产生“功臣”，他们或是因为正确处理了某些事情，给公司带来了重大利益，或是因为找到了重要资源，为公司化解了重要危机。因此立下汗马功劳，为了表彰，你把他提拔到管理岗位上。但是他本身并不适合于管理岗位，当年的功劳也许是因为机缘凑巧，也许是因为灵光乍现，但并不是他的真实水平。所以在你快速发展的业务中，他可能就会显得吃力。其中少数人可能还会居功自傲，整天吹嘘“没有老子我就没有 ××× 的今天”之类的。这样的人，你动起来会被人骂“过河拆桥”“没良心”，可不动他们，他们就会变成阻力。

第四种是“亲人”。所谓“亲人”，当然是指和你有亲属关系的人，老公、老婆、孩子、大舅、小姑都算。不过，这里讨论的不包括“家族公司”，夫妻一起创业的也除外。

“亲人”在公司里的问题主要来自于这些人的“主人公”意识太强，表面上是在维护老大的利益，骨子里是把公司当成自己家的。所以，会经常插手许多本不该他管的事情。而且一旦插手，事情就变得异常复杂。因为在别人眼中，他们的身份本身就特殊，他们一插手，别人就怕，不知道他们会在老大面前说自己什么。另外，如果他们本身能力又不高，在别人眼里本就是靠着老大的关系混的，从根起就看不起他们。于是矛盾就更大，一个芝麻粒儿大的小事，也会把老大搞得头疼不已。

在公司里用亲戚，很大程度上是老大不得已而为之。但凡有点别的办法，聪明的老大是不会把亲人放在自己公司里的。一个在国外上市的公司，高薪聘请了一个CFO，结果这个CFO没干多久，就怨声载道。什么原因呢？就是因为老大的老婆在财务部任财务经理。不用说太多细节，你都能想象到这个CFO做得有多么难受。这个CFO离开的一个重要原因，就是那个老大搞不定自己的老婆。

老大透过这些亲戚监视或监督下属工作的想法，从根子上就是错误的，起码是老大没有自信和缺乏能力的表现。公司小的时候还好，公司规模大起来后，这些亲戚的破坏力会超乎想象。

如果真的不得不安排亲戚进公司，老大最好想办法把他们的负面影响降到最低。一个简单的做法是，和他们“约法三章”，并得到各有关方面的同意。出了问题，也好及时处理，免得落下埋怨。

总裁的家庭作业

1. 你的公司里有上述四种人吗？是没有，还是你没发现？
2. 对这四种人，尤其是“老臣”和“功臣”，你打算怎么处理？

| 第四节 |
“借刀杀人”术

一个在外企混的兄弟，曾经给老刘讲过一个这样的故事。

那一年他被一个猎头相中，面试一个外国公司的“中国区总经理”

的职位。一切看起来都很美好，职位显赫，薪水翻番。但最后谈到工作内容的时候，他决定放弃了。为什么呢？因为这家公司刚刚收购了另外一家公司，收购之后，两家公司的“中国区”要合并在一起，而合并之后的第一个任务便是裁员。整个中国区从上到下至少要裁掉1/4到1/3的人，包括副总级人员。而新的“中国区总经理”就是执行的角色，说白了，就是一把“杀人刀”。

在外企，这种“借刀杀人”之术是经常用的。据说，还有一种专门替别人砍人的短期CEO的“职业杀手”，老刘没见过，不敢妄言。之所以这样做，有几个理由。第一，新任没有历史负担，不存在和谁亲和谁疏的问题，规则制定清楚之后，就可以大胆下刀；第二，这个人的职责十分的明确，一切行动听从“上边”指挥；第三，“砍”完人之后，可以抽身而退。当然，对老大来说，这个角色在中间既做了挡箭牌，也做了缓冲区，减轻了老大的直接负担，也给某些决定增加了回旋的余地。

这种做法恐怕也只是值得国内成长型公司老大借鉴一下，而不能完全照搬。一是老大能不能找到这样的“职业杀手”；二是就算找得到，老大是不是信得过；三是有没有必要这样大张旗鼓；四是这样做之后会不会留下什么后患。但是，这个做法给老大们提供了一个思路，即借助第三方的力量完成某些“杀”罚。至于这个第三方是谁，因公司而异，因老大的风格而异。

总裁的家庭作业

在企业里，“杀人”（降级、免职、劝退、辞退、开除）尤其是处罚高层管理者，总归对企业会带来影响，如何消除负面影响，是做老大的必须考虑的。借刀杀人不过是一种策略或技巧，可能更重要的是良好的沟通。你如果有这样的经历，不妨做更深入的总结。

09

影响他人

| 第一节 |

什么是影响力

德鲁克说，领导者的唯一定义——是否拥有追随者。领导需要魅力，但绝对不依靠魅力，更不能依靠权力。领导力的本质是一种影响力。你能够影响多少人，你的权力就有多大。

德鲁克说得对，魅力和权力都是影响力的充分条件之一，但不是全部，也不是必要条件。孔夫子就是个私塾老师，也没见历史记载说他有什么“性格魅力”，但他的语录影响了全世界，影响了几千年。从某种意义上说，权力造成的影响力是外在的，一旦你的权力丢失，你的影响力就可能不复存在。个人魅力造成的影响力是浅层次的，也可能是短暂的，就如某些演艺界明星。真正影响力的来源，在于思想。回到企业，还有一条，就是和思想相配套的各种行动。

思想就是你对世界的认知，就是你的世界观。对一个企业家来说，就是你对市场、对客户、对竞争、对产品、对环境的完整的、独特的认识。这些认识的核心精华会包含在你给企业所确定的愿景之中，也就是你的梦想。有了这个梦想之后，你还需要一套方法论，你的方法论的具体体现，就在于你能够把对上述内容的变化的独特认识，融化在你为企业制定的每一步的发展战略和行动计划之中。这一切，是你影响外界和影响内部的根本。

在这个基础上，如果你还是个有魅力的领导，那么你就具备了做领袖的素质。

影响力怎样表现出来呢？

第一，感召力。所谓感召力，就是“一呼百应”，你只要说话，就有人跟着你跑，而且死心塌地拥戴你。所以，在你有了思想之后，你还要有能力把你的思想变成每个人容易理解的语言，并且人们很容易把你的思想和其本身的利益挂起钩来。对于追随者来说，他追随你是一个值得骄傲的事。因为他们认同你所说的、所想的、所做的。甚至你所说的正是他们想说而说不出来的，你所想的是他们没有想到的，你所做的是他们愿意一起去做的。

第二，说服力。你会说，如果有了足够强的感召力，还需要说服力吗？需要。尤其是对于你身边的人，对于和你水平相近的人甚至意见相左的人，你必须能够说服他们。因为这些人大部分都是有能耐的人，对于你的大业来说，可能就是“擎天白玉柱，架海紫金梁”。有能耐的人都有自己的看法，他们对你的了解也让你在他们的心中永远成不了神，最多是一个“强人”而已，甚至其中还有一部分人对你不服气。所以，对于这部分人，你要让他们无条件地、忠心耿耿地跟随你，你就需要说服他们。最关键的，是要他们“服”。

这样的“说服”，会是一种常态，在企业发展的每一个阶段，在你的思想产生每一个火花并将其付诸实践的时候，你都会需要。

第三，榜样力。榜样的力量是无穷的。作为企业的老大，你可以在公司里树立很多不同的榜样，但你千万不能忘记，最大的榜样是你自己。你的一言一行都在众目睽睽之下，你的优点会被人们认为是应该的，而你的缺点或你一点小小的不检点，都会被成倍地甚至无限制地放大。你应该了解这是为什么，因为你是老大，你是领导，你就应该这样。

所以，在你时刻检点自己的同时，必须建立起你的榜样力量。这对以企业文化来说至关重要。你遵守各种流程，从不乱用权力破坏流程，下面的人又有谁会敢？你勇于创新，喜欢探索新的对公司有益的东西，你的员工也一样会这样做。但是，很多领导做了，并没有影响到下属，为什么呢？因为下属不知道！这就是领导自己的问题。你千万不要在企业里“学雷锋，做好事不留名”。很多时候，你需要表演给你的部下和员工看。如果你真的是个好榜样，就需要让这个榜样光芒四射，让公司每个人都效仿你，把你的“榜样力”发挥到最大。

总裁的家庭作业

1. 你的感召力、说服力和榜样力如何？
2. 在你觉得下属执行力不够的时候，应该回头检查自己的影响力是不是足够。

| 第二节 |
影响力要影响谁

在本书中，我们把更多的着眼点放在了企业内部。但作为企业的领袖，所能够且必须影响的，绝不只是你的员工和下属。

那么，还需要影响谁呢？如果你读了本书“引领战略”的那一章，就会知道，企业的业务发展受着大环境和小环境的限制。在大环境里，政策、行业、客户、竞争和技术是关键因素；在小环境里，董事会、资本、伙伴、媒体、家庭是关键因素。

所以，你必须具有影响这些因素的能力。譬如，你不但要做企业领袖，你还要做行业领袖。因为行业领袖是企业领袖的保障之一。做行业领袖干吗呢？就是你要获得并掌握话语权。这样的话语权会影响到标准的制定、行业规范和行业标准的制定。这样的话语权，甚至会带给你行业的定价权。所有这一切，对企业来说都是利润，对领袖来说就变成了一种权力。

你要影响董事会。因为公司的重大决定不是你一个人能说了算的。按照法律规定董事会（甚至股东会）才是公司决策的最高机构。就算你是董事长，如果你没有足够的影响力，你的想法和计划经常被董事会一脚踢出来，你还好意思说自己有影响力么？

你要影响媒体。如果说你的下属和员工在某种意义上是你的四肢和脑子的延伸，那么媒体就是你嘴巴的延伸甚至是思想的延伸。但是，如果你搞不定媒体，你就可能会被媒体搞得焦头烂额。这种例子太多，不胜枚举。如果你能轻松驾驭媒体，让你的思想得以在最大范围、以最快的速度传播，你不但为社会进步做了贡献，还会为企业创造一个良好的社会环境。

你要影响你的老婆或老公。如果你的另一半不能理解你的伟大事业，整天拖你的后腿，不敢说你的事业做不成，起码会受到一定影响。

…………

做领袖的，都有很强大的气场。这个看不见摸不着的气场，是影响力的根本。当你的气场足够大的时候，不管到哪里，你甚至不用开口说一句话，别人就会有想臣服的感觉。譬如你看历史小说，经常会讲到某些皇上或大人的“威严”，那就是气场所在。你可能说这是因为他的权力，也不尽然。人的气场是长期培育出来的，是从内到外的，是内心强大的外在表现。

在本书的第一章，曾经详细讨论了权威及其来源，这里不再赘述。“以理服人”不是领袖追求的层次。当然，无理是无法服人的。

总裁的家庭作业

1. 针对行业、股东、媒体、员工等，你应该怎样修炼才能让自己的气场使对方折服？
2. 当你看着那些台上的领袖时，是不是有一种做学生的感觉？你有没有想过，当有一天你站在台上的时候会怎样？

| 第三节 |

领袖九面

领袖要建立起充分的影响力，当然首先是要练内功。本书的前面八章“建立威望”“抓住人心”“更新自我”“传递激情”“引领战略”“知人御人”“分权制衡”“杀伐果断”都是内功的内容。当你这一身内家功夫练就之后，他们就会产生巨大的能量，这种能量会通过你展现在人们面前的九个不同的面孔传递出去，形成影响力。

这九个面孔包括：

英明。“良禽择木而栖，良臣择主而仕”，首先你要是一个“明主”，就是“英明的主人”。跟着你这样的明主会有希望获得成功或更大的成功。英明的表现首先是你有伟大的志向，这个伟大的志向是为了公司所有人的。然后是你在公司发展的每一个重要阶段或重要关头做出了正确的决定（之后被人们认为是“英明的”），譬如柳传志当年把联想一分为二，收购IBM的个人电脑业务，提拔使用以杨元庆为代表的年轻管理团队，以及许许多多经典的管理名句。更重要的是，在公司面临困难甚至是危机的时候你能够力挽狂澜，把公司从下坡的路上拉回来。当年柳传志的复出、乔布斯的复出、稻盛和夫的复出，都是在公司遇到重大困难的时候挺身而出，并且使公司回到增长的轨道上。所以，他们是英明的。

霸气。在公司里，老大的霸气就是自信。自信不是狂妄，霸气不是匪气。霸气是一种气场。公司里只要你出现，也许不需要说一句话，你的气场就会令在场的所有人折服。同时，霸气的表现往往在于对少数人意见的支持，甚至在有些时候力排众议、坚持己见。在这样的时候，他可能被人骂刚愎自用、独断专行，但一旦事后证明你是正确的，你的气场就会变得更加强大。这种气场的来源有两个，一个就是来自于你强大的自信心，另一个就是来源于你过去的成功（同样是你的自信心的来源之一），还有就是你没有私心，无私则无畏，你就可以那么霸气。

手机扫描二维码后，输入“ZCLB08”，你将看到一篇老刘关于CEO“十怕”的文章。人前风光的老大们，让老刘来为你道尽隐藏心底的苦与痛，说说真正挺直腰杆的方法。

正直。正直就是无私，就是在公司内部最大限度地公平、公正、公开。你会努力让付出的人得到应有的回报，让偷奸耍滑的人受到惩罚。你不会因为谁谁谁是你的创业伙伴、你的心腹、你喜欢的人就偏袒他，也不会因为别人说话直率得罪过你，或你不喜欢那个人的性格就给人小鞋穿。你不欺骗别人，也不容许任何形式的欺骗……做到这些当然很难，但至少你要努力让大家认为是这样的。

尊重。尊重公司每一个人，上到董事会成员，下到门口的前台和打扫卫生的阿姨。你要培养内心对他们劳动的尊重和对他们人格的尊重。即便公司员工或经理犯了天大的错误，你可以撤他的职、降他的薪，可以把他开除，但你仍然要尊重他的人格。那些动不动就破口大骂，为一点小事就问候人家祖宗的老板，是不会得到尊重的。不受人尊重的人，怎么会有影响力呢?

铁面。前面讲过了。赏罚分明，不管是谁。在与公司内部的不良习气、不良作风、负面能量作斗争的时候，你必须做到“六亲不认”。

乐观。永远积极向上，尤其是在公司困难的时候。就算你的账上已经出了负数，你可以在自己的办公室里关起门来唉声叹气、愁眉苦脸，宣泄你的情绪，但出了你的办公室门，在员工面前，就必须永远保持你的微笑，保持对所有事物从积极方面想、从积极方面做的习惯。你要记住，作为公司老大，你的任何一点儿悲观情绪给公司带来的损失，都是难以估量的。

关爱。保持对下属和对员工超出工作的关爱。在很多时候，你对他们要像他们的父母一样。关爱的要点不是小恩小惠，而是你的真情，是你发自内心的对员工的关心和爱护。你不能把关爱停留在问候上，要帮助他们解决实际工作和生活中的问题。

包容。古语说，宰相肚里能撑船。为什么这样说呢？因为凡是能做到宰相的，都不知道见过多少起起落落、人情冷暖。如果他容不下，他也坐不到这样的位置；同时，在宰相这么显赫的位置上，不知道要遇到多少难事儿，譬如包括对手的攻击、皇帝的指责、下属的抱怨、亲友的误会、老百姓的骂娘等，哪一样容不下，他的宰相都做不成。企业的老大不是宰相，是企业的“皇上”。所以，你要更加能够包容，尤其是对自己不喜欢的，但对公司有利的人和事，一定要做到“大肚能容，容天下难容之事”。包容带来的是尊重，尊重带来的是信任。

幽默。幽默是一种生活态度，也是影响别人的重要手段。你要经常展现出你幽默的一面。事实证明，当你向别人传递一种观点的时候，用一种幽默的方式比起板起脸来教训的方式被接受的程度要好很多。

总裁的家庭作业

不是要你做完人，是要你发挥你的性格长处，补足你的短处。改变自己很难，但作为企业领袖，你不得不做。

| 第四节 |

升级你的圈子

每个人在成长的过程中都有这样的体会：当你和 N 年前的伙伴重聚时，你发现大家的思想已不在同一个世界，这就是所谓“境界”的分别。有些人已经远远超过了你，你甚至对他这个当年不起眼儿的同桌肃然起敬；另外一些人呢，你会觉得他们的见识差了一个台阶，沟通起来很困难。但当你回到你正常生活的圈子之中时，你就会觉得舒坦，因为大家处在同一个“层次”。

一个公司发展的过程，也是一个公司老大成长的过程。在这个过程中，从公司内部而言，老大所能够影响的人从最初的几个人变成几百个几千个甚至几万个，从当初的工程师或只管几个人的“小经理”到业界的技术翘楚和管了上千人的“大经理”。对外呢？随着客户的增多和变大，老大的交往圈子也在变化，从跟客户的项目经理打交道变成跟对方的老大喝茶。从前找人家登篇文章还要给人家交钱的媒体，也会时常光顾要求给老大做个专访。政府的官员们主动上门要求提供支持，卡拉 OK 里头早已不见老大的身影，老大陪客户和政府领导的场所变成了高尔夫球场和私人会所……这就是圈子的变化。

圈子的变化给老大带来很多东西，有很强的成就感、开始获得社会荣誉、从开始面对媒体的不知所措到驾轻就熟再到玩转媒体、虚荣心和攀比、自我膨胀、自我迷失等，有好有坏。这是一种必然，而且对部分人来说是一种被动的接受，在被动的接受中改变自己。

但对于立志做领袖的人来说，他不能只是因为公司的成就被拖进某一个圈子，甘心做那个圈子中默默的一员。他是领导者，是注定要影响别人的。所以，他首先是会主动地、有计划有预谋地不断“升级”自己的圈子，用很短的时间在这个圈子里学习并很快超越，从被影响的人变成影响别人的人，然后再超越，进入下一个圈子。

国内的企业家们很多人都热衷于去名校读一个EMBA。一个全世界都知道的秘密是，他们读那个EMBA的主要目的不是为了学到什么，而是为了建立高端的社交圈。这个社交圈的建立，可以增加业务上的商业网络。老刘的一个朋友就让他的长江商学院的40个同学，每人拿出1000万元成立了一个4个亿的风投基金。更重要的是，你把自己放到了一帮高人堆里，所谓近朱者赤近墨者黑，只有和高人在一起自己才能提高。

前几天跟一个企业的老大讨论企业家的成长问题，也谈到圈子。谈到最后发现，在企业家这个圈子里，真正的高人，或者说比这位老兄更高的高人真的不多，但他还是想找一个学习的榜样，老刘就说“柳传志吧”。

但事实上，能够让自己提高的，并不只是企业家这一个圈子，作为企业领袖，你需要的太多。到了一定程度，你就会也一定要跳出或升华到企业之外的圈子，譬如文化，譬如哲学。

学理工科的人都知道，念书念到最后，就都变成了“Ph. D”，就是哲学博士。为什么呢？因为大道相通，世界上的事儿，说到最后，就是世界观和方法论，所谓思维和存在、意识和物质，要解决的就是怎么看世界，怎么解决世界上的问题，也就是哲学。

站得高才能看得远。在高人圈子里，你会经常有“听君一席话，胜读十年书”的感觉。如果你跟人家说话，人家也就这样的感觉，那么就说明你具备了影响高人的能力。

总裁的家庭作业

1. 你在哪个圈子里？你的地位怎样？

2. 你想进入哪个圈子里？为什么？

3. 做什么你才能升级圈子，并在新的圈子里成为翘楚？

| 第五节 |
避开你的短处

是人就有短处，没有人是完人。每个人身上都有无法克服的缺点，就算尽一生之力，也难以改变，即“江山易改，本性难移”。一个人在成熟之后，生理上和心理上的构成，就决定了你什么地方很强、什么地方很差。一般来说，一个人很难同时占有两个极端。譬如，善于宏观思考的人对细节的管理就差一些，反之亦然；一个急性子的人就很不愿意耐心地听别人啰里啰嗦地说话；一个自我能力很强的人对能力差的人的容忍度很低，如此等等。

我们常说“扬长避短”，扬长容易，避短很难。首先是很多人对于自己的短处的认识并不那么清晰。有的领导就喜欢骂人，在别人眼里，这是一种坏习惯，因为不是每个被骂的人都能够坦然接受，甚至很多人会觉得自己没有受到应有的尊重。但老板自己可能会为这一点感到得意洋洋，说“你看，我一骂问题就解决了吧！”还有老板只看眼前不看长远，事无巨细都管，下边人烦得要死，他却毫不在意，觉得我就是该管这些事儿。

更多的人是知道自己的短处和缺点，也想改，但是难度太大，多次尝试带来的结果是很多痛苦，于是就放弃了。这种知难而退的做法当然不可取。如果你对现在自己所取得的成就已经十分满足了，小富即安，这样做未尝不可。可是，如果你想再上一个或几个台阶，就真的要在某种程度上改变自己。

其实还有一种方法，就是“避”。“避短”不是“改短”，是躲避和逃避，借用外力。做得好了，就会在别人面前表现出一个极少弱点的人。实际上，你不是没有，而是被包起来、掩藏起来了而已。做领袖，不暴露短板也是基本要求之一。否则，不但会对你的领袖形象造成致命影响，也会在竞争中被对手抓住你的“七寸”，轻而易举地把你打倒。

躲避你能力上短板的办法是，请专业的人帮你。譬如，像老刘这种技术上“十窍通了九窍”的，就只有请技术高人帮助。在公司里，一旦遇上你自己认为并不擅长的事务时，尽可能让懂得此类事务的人去办理。如果实在要你出马，你也要懂行的人去操刀，让他回来给你讲明白你签字画押就好。这种做法成了习惯，你的短板就会真的避开了。

避免你性格上短板的办法是，请别人来监督。譬如你性子急、爱发火，可以让身边的人时刻提醒你。抽烟的人都知道戒烟很难，但仍然有很多人成功了。这里头除了自身的坚强意志之外，一个良好的环境和家人及朋友的监督也是重要因素。

还有一种是“补短”。有些天生的短处，短时间内不能解决，就需要想一些办法先去补。譬如，如果你的战略思考能力和战略规划能力不够强，你就可以请一个战略顾问或一个顾问公司来帮你。在他们帮助你的过程之中，你会逐渐学到一些东西并逐渐把自己的短板补齐。当然，最重要的补短途径还是学习。所谓“活到老，学到老”，人的一生就是不断完善自己的过程。

博雅故事

换个行头　再聚江湖

从离开学校那天开始，我们必须学着工作、学着成为主管、学着协同他人，必须学着成为父母，和孩子一起刷新看世界的方式。
培训是伴随一生的能量提供站，
"为终生学习赋能"成为博雅广华的信仰。

从博雅光华到博雅广华，我们改换了行头，本质从未改变。
我们齐聚江湖，让培训变得更为性感、生动和饱满。

大宗购买、咨询各地图书销售点等事宜，
请拨打销售服务热线：010-82894445

媒体合作、电子出版、咨询作者培训等事宜，
请拨打市场服务热线：010-82893505

推荐稿件、投稿，
请拨打策划服务热线：010-82893507，82894830

博雅广华